# はじめに

　「マイナンバー」や「マイナンバーカード」。今までは、どこか遠くの話だと思われていたこれらの言葉が、知らず知らずのうちに身近な言葉になってきました。テレビのワイドショーやニュース番組で健康保険証の廃止問題が取り上げるようになったこともあり、職場の同僚や家族、あるいは近所の方々とマイナンバーカードについて話す機会が増えたのではないでしょうか。

　実際、マイナンバーカードの普及が進んだこともあり、徐々にではありますが、普段の暮らしの中でマイナンバーやマイナンバーカードを利用する機会が増えつつあります。特にマイナンバーカードについては、今後、健康保険証としての利用や運転免許証との一体化などが予定されているので、確実に利用する機会は増えていきます。また、マイナンバーカードには電子的に本人確認ができる「公的個人認証」の機能がついているので、今後はインターネットサービス等、様々な場面で利用されることになると思われます。

　政府も「マイナンバーカードはデジタル社会のパスポート」と位置づけて、今まで以上に便利なカードとして利用機会が増えるよう、様々な支援や工夫を行っています。つまり、今まででどちらかと言えば「家の引き出しに大事にしまっておくもの」と思われていたマイナンバーカードが、今後は様々な利用シーンで積極的に使っていただくカードに位置づけが変わるということです。

　また、今のところ Android のスマホだけですが、マイナンバーカードの機能をスマートフォンに搭載すれば、わざわざカードを持ち歩かなくても様々なサービスを享受することができます。いずれ iPhone にも搭載されるので、そうなれば多くの人がカードを持ち歩かなくなる

のではないでしょうか。

　これまで金融機関の皆さんにとって、マイナンバーやマイナンバーカードは身近な存在だったかと言うと、例えば投資信託口座をお持ちのお客様への対応など、どちらかと言えば限られた部署や業務での対応が中心でした。そのため直接マイナンバーに関わる業務に携わる方々は余り多くなかったと思います。

　しかし、今後はマイナンバーやマイナンバーカードを業務で利用する機会が確実に増えていきます。具体的には、預金口座への付番や公金受取口座の登録等、金融機関の本来業務に密接に関わる分野でマイナンバーやマイナンバーカードを利用する機会が増えていきます。また、本人確認手続き等、従来の事務手続きが大きく変わる可能性もあります。

　これまでは、「できれば情報管理に厳格な運用が求められるマイナンバーにかかわりたくない」というのが、多くの金融機関の職員の方々の本音だったと思います。しかし、今後は否応なしに取り扱う機会が増えていくので逃げるわけにはいかないのです。行政への届出などに限定されていたものが、今後は公金受取口座や相続などでの利用など、身近な金融業務の一環として利用されるようになるのは明白だからです。

　特にマイナンバーカードについては、オンライン取引や店頭窓口での取引などでも利用する機会が増えると考えられます。つまり、マイナンバーカードをどのように活用するかが、金融機関の営業戦略に大きな影響を与える可能性すらあるのです。例えば、公金受取口座一つとっても、その獲得が顧客との長期的な取引関係の構築に直結するの

で、「マイナンバーカードを上手に活用できる職員がいる金融機関が、これからの金融ビジネスにおいて有利になる」と言っても過言ではないのです。当然、そうした対応ができない金融機関は不利な立場に立たされることになるでしょう。

　この本では、マイナンバーやマイナンバーカードが金融機関にとって、今後どのような意義を持つか、またその活用がどのように営業戦略に影響を及ぼすか等を、できるだけ分かりやすく解説しました。

　マイナンバーやマイナンバーカードに関しては、今後利用範囲が広がるにつれて、顧客からの様々な問い合わせが寄せられると思います。当然、その内容は金融取引に関するものだけでなく、マイナンバー制度そのものに対する質問も含まれると思います。

　金融機関職員として、「そうした顧客からの問い合わせにどのように答えるべきか」、また「そのような機会を顧客との取引深耕の好機ととらえ何をなすべきか」等についても、具体的かつわかりやすく解説しています。

　デジタル社会の構築が喫緊の課題と言えるわが国にとって、マイナンバーやマイナンバーカードの利活用は間違いなく広がっていきます。そうした動きにどのように対応するか、またそれらをチャンスととらえ、どう活かせるかが、すべての金融機関職員にとって喫緊と言っても過言ではないのです。

　2023 年 8 月

　　　　　　　　　　　　　　　　　　　　　梅屋　真一郎

# 目次

# 第1章
## 知っておくべきマイナンバーの基本

## マイナンバーは本当に面倒なの?

『マイナンバー』『マイナンバーカード』『社会保障・税番号制度』『マイナンバー制度』等々。マイナンバーを取り巻く言葉にはいろいろなものがあります。それぞれ、どういった意味でどういった違いがあるのでしょうか。うーん、難しい。

このたくさん並んだ言葉の数々を見て「マイナンバーって難しいな」としり込みをしている方も多いのではないでしょうか。

もともとマイナンバー(個人番号)とは、住民票を有する方に通知される12桁の番号のことです。日本に住んでいれば国籍や年齢、性別に関わらず全ての人が持っている番号で、就職や引越し、結婚などの生活イベントの際に必ず使われます。それなのに「難しい」「怖い」「面倒くさい」と言って敬遠されているのがマイナンバーの現状です。

「そもそもマイナンバーとマイナンバーカードはどう違うんだ。それすら分からないじゃないか!」と感じる方も多いのではないでしょうか。

そこで、まずはマイナンバーに関わる言葉の説明から始めることにしましょう。

## マイナンバーを取り巻く言葉

マイナンバーを取り巻く主な言葉には、以下のようなものがあります。

【マイナンバー】…… 住民票を有する方一人一人が持つ12桁の数字で表される番号であり、正式名称を「行政手続における特定の個人を識別するための番号」と言います。「個人番号」と呼ぶ場合もあります。それぞれが持つマイナンバーは全て異なる数字であり、「複数の行政機関が持っている個人情報が、同一人の情報であることを確認する」ために使用します。但し、利用できる範囲は限定的で、社会保障、税、災害対策など、法定された行政手続での利用のみ可能です。

【マイナンバー制度】…… マイナンバーを活用して行政の効率化、国民の利便性を高める制度です。マイナンバーという分野横断的な番号を導入することにより、行政機関をまたいだ情報のやり取りで、同じ人の個人情報の特定・確認が確実かつ迅速にできるようになります。なお、前述した通り、今は社会保障、税、災害対策など、法律または条例で定められた事務手続きにおいてのみ利用可能なため、マイナンバー制度を「社会保障・税番号制度」と呼ぶ場合もあります。

【マイナンバーカード】…… 住民の方からの申請により無料で交付される、氏名、住所、生年月日、性別などが記載された、顔写真付きのプラスチック製のカードです。カードの表面は顔写真付きの本人確認書類として利用できます。また、カード内には IC チップが搭載されていて電子的に本人であることを証明することができます。裏面にマイナンバーが記載されているためマイナンバーカードと呼ばれていますが、その用途としては、マイナンバーの確認に留まらず、対面やオンラインなど様々なシーンでの本人確認を安全かつ確実に行うことができるデジタル社会に必要なツールと言えます。

【特定個人情報】……特定個人情報とは、マイナンバーを含む個人情報のことを言います。例えば、「マイナンバーと氏名および住所が組み合わさったもの」「マイナンバーそのもの」等が該当します。当然ですが、特定個人情報は一般的な個人情報に比べてより厳格な管理が要求されます。そのため民間企業は取り扱う特定個人情報の保管や廃棄などに関して、しっかりとした体制づくりと厳格な運用が求められます。

【法人番号】……個人に通知されるマイナンバーと同様に、株式会社や地方公共団体・政府機関などの法人等に対して通知される 13 桁の数字の番号です。法人番号は国税庁が指定します。

# Q1-1
# マイナンバーとマイナンバーカードの違いについて教えてください

マイナンバーとマイナンバーカードは、マイナンバーに関する話をする際、必ず出てくる言葉ですが、実は使い道も取扱い方も全く異なります。

まずマイナンバーですが、正式名称は「行政手続における特定の個人を識別するための番号」と言います。つまり、「国や地方公共団体などが行う行政手続きにおいて利用することを目的にした番号」というのがマイナンバーです。

そのため、マイナンバーには、以下の特徴があります。

- 本人の希望の有無に関わらず全ての人に配られる番号である
- 原則、国や自治体などの行政機関のみが決められた範囲の行政手続きで利用できる
- 民間企業は従業員や顧客に関わる行政機関への届出（税務申告など）以外で勝手にマイナンバーを使うことはできない
- マイナンバーの管理には厳格なルールがあり、行政機関も民間企業もそのルールを守らなければならない

以上のような特徴から、マイナンバーは「国や地方公共団体などの行政のみ利用できる番号で（但し、決められた範囲内）、民間は行政機関への届出手続きを除き、マイナンバーを自由に使うことはできない」と定義できます。

一方、マイナンバーカードには、以下の特徴があります。

- 本人の申請に基づいて交付される「公的な身分証明書」である
- 身分証明書として、行政だけではなく民間でも本人確認資料として使

うことができる

- カード内の IC チップに身元を電子的に証明する「電子証明書」が搭載されているので、オンライン手続きなどで電子的に本人確認ができる
- カード裏面に記載されている 12 桁のマイナンバーをみだりに他人に見せないように注意さえすれば、民間利用も自由にできる（むしろ政府は、マイナンバーカードを民間企業などが積極的に活用することを望んでいる）

　以上から、マイナンバーカードは、「身分証明書として対面でもオンラインでも自由に使うことができるカード」と定義できます。そのため「マイナンバーカードはデジタル社会のパスポート」とも言われています。

　では、この本の読者である金融機関職員の方々にとって、この 2 つにはどのような違いがあるのでしょうか。それを一言で言うと、以下のような違いがあります。

【マイナンバー】……税務手続きなどの限られた範囲で、かつ厳格なルールに従って取り扱われるもの
【マイナンバーカード】……金融取引を含む様々な生活シーンで使われることが想定されており、今後の金融機関ビジネスにおいて密接に関わるもの（次ページ参照）

## 実際にマイナンバーはどんな分野で使われるの？

　マイナンバーは、行政手続きで本人を効率的かつ確実に特定できる非常に便利な番号です。それは裏を返すと、仮に本来意図されていない分野で利用された場合、その人のプライバシーに関わる問題を引き起こす可能性があるということです。そのため、利用分野は法律で厳格に規定されており、それ以外の分野での利用は国や地方公共団体などの行政機関でさえ行うことはできません。

　具体的には、以下の分野において、法律（マイナンバー法）の条文で列挙された行政手続きについてのみ利用することができます。

---

◎社会保障分野
・年金分野（年金の資格取得・確認、給付に利用）
・労働分野（雇用保険等の資格取得・確認、給付やハローワーク等の事務等に利用）
・福祉・医療等（健康保険料徴収等、福祉分野の給付等の事務等に利用）
◎税分野（確定申告書、各種届出書等に記載。当局の内部事務等に利用）
◎災害分野（防災に関わる事務等に利用）

---

　このように、**マイナンバー自体はあくまでも行政機関が利用することを前提とした制度であり、利用分野も限定されています。そのためマイナンバーを民間事業者等が自由に利用することはできません（但し、企業の健康保険組合は法律で指定された範囲で利用することができます）。**

　なお、民間企業でも税務署や年金事務所などの行政機関にマイナンバーを報告するための事務で、従業員や顧客等のマイナンバーを収集することは可能です。ただし、収集した従業員や顧客等のマイナンバーを自ら利用することはできません。

# Q1-2
# 金融機関はマイナンバーを
# どんな分野で使うことになりますか？

　金融機関は、以下のような事務において従業員や顧客のマイナンバーを行政機関に届け出る必要があります。

---

【従業員に関わる事務手続き】
・社会保障に関わる手続き（年金、健康保険、雇用保険等）
・税に関わる手続き（所得税、住民税等）
【顧客に関わる手続き】
・税に関わる手続き（所得税等）
・マイナンバーと預金口座の紐づけに関わる手続き（預金保険機構への届出）
・公的給付支給等口座（公金受取口座）に関わる手続き

---

　これらの事務手続きのために、金融機関は従業員や顧客からマイナンバーを集める必要があります。ただし、あくまでも行政機関への届出のためにマイナンバーを集めるのが目的であり、金融機関が自行の顧客管理に利用するなど、勝手に使うことはできません。

　つまり、「金融機関がマイナンバーを集めるのは、あくまでも行政機関への届出のためだけ」という点に注意しましょう。

## マイナンバーの取扱いは何でこんなに厳格なの？

　金融機関職員として、これまでに一度は「マイナンバーを取り扱う際には、様々なルールを順守する必要がある」ということを聞いたことがあると思います。その際、「マイナンバー記載書類の取扱いや紛失時の届出等々、かなり厳しいルールだなあ」と感じたのではないでしょうか？

　そもそも、どうしてマイナンバーの取扱いはこんなに厳格なのでしょうか。

　それはマイナンバーが非常に強力な仕組みだからです。具体的な利用シーンを例に説明しましょう。

　周知の通り、マイナンバーを行政手続きで利用するようになったことにより、「多くの行政手続きの効率化が図られた」と言われています。例えば、年金の手続きでは、今まで必要だった住民票の写しの添付が不要になるなど、住民側から見て手続き上の手間が減りました。一方、行政機関側も従来必要だった書類確認などの手間が不要になるなど、大幅な事務負担の軽減につながったと言われています。

　このように強力な仕組みであるが故、仮に意図していない目的で利用されたりすると、重大なプライバシー問題などを引き起こす可能性があるわけです。

　そのためマイナンバー制度を開始する際には、そのような事態を起こさないようマイナンバーの管理に関して様々な安全対策がとられました。例えば、「国や地方公共団体であっても、マイナンバー法で定められた分野以外での利用はできない」「マイナンバーの管理は分散管理で行い、全てを一元管理できないようにする（次ページ図参照）」「目的以外の利用などの法令違反、漏洩などの事故を起こした場合は厳しい罰則を科す」といった対策が、それです。

　なお、こうしたマイナンバーの管理に関する安全対策は、実際にマイナ

ンバーを業務で利用する行政機関だけではなく、民間企業にも求められます。もちろん **Q1-1** で説明したように、民間企業も行政機関に届出を行う目的でマイナンバーを収集する必要があるからです。しかし、その一方で、自分たちが自由にマイナンバーを利用することはできません。それでも従業員や顧客から収集したマイナンバーを取り扱う以上、その取扱いには十分に注意する必要があるということです。

　以下、その点について、具体的に見ていきましょう。

## マイナンバー制度における個人情報の管理(分散管理)のイメージ

### 一元管理

個人情報を、特定の機関が保有する
中央のデータベース等に集約し、
一元的に管理を行う。
マイナンバーでは行っていない。

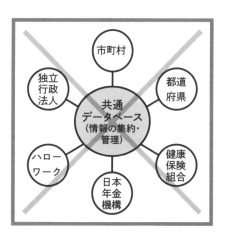

### 分散管理

個人情報は、従来どおり各機関に
おいて、分散して管理を行う。
(例) 日本年金機構が市町村に対して
地方税情報の提供を求めた場合。

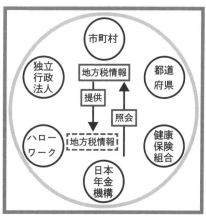

# Q1-3
# 金融機関職員としてマイナンバーの取扱いで特に注意すべき点は何ですか?

　金融機関職員としてマイナンバーを取り扱う際には、特に以下の3つの点に注意する必要があります。

## 1．決められた業務以外では、マイナンバーは取り扱わない

　繰り返しになりますが、金融機関は行政機関への届出目的以外にマイナンバーを取り扱うことはありません。つまり、金融機関職員にとってマイナンバーを取り扱う事務は「法律に定められた範囲に留まる」ということです。

　したがって、マイナンバーを取り扱う際には、常に「この業務は法律に定められた範囲の業務かどうか」を確認すると同時に、マイナンバー取扱事務の留意点、例えば情報管理などに関する留意点などを再確認しながら業務を行うことが重要です。

## 2．マイナンバーを取り扱う際には、取扱いに関する記録をしっかりつける

　マイナンバーを含む特定個人情報については、厳格な管理のもとで収集・利用する必要があります。しかしながら、いくら厳格な管理の仕組みを構築しても、仕組み自体を運営するのが人間である以上、ミスを完全に防ぐのは不可能です。

　マイナンバーの取扱いにおいて、ミスを完全に防げない以上、仮に問題が発生した時に「その影響はどの範囲に及ぶのか」といった状況把握を迅

速に行い即時対応すること、また「なぜミスが発生したのか」、その理由を明らかにすることで再発防止に努める必要があります。

そうした対応を行うためには、「記録をしっかりつけること」が重要です。業務記録を常にかつ丁寧に記述しておくことが、不測の事態に直面した時の道しるべになるのです。

### 3．顧客への丁寧な説明を心がける

今後、金融機関でマイナンバーやマイナンバーカードを取り扱う機会は確実に増えてきます。しかしながら、マイナンバー制度を巡っては、他人の健康保険証の情報や公的給付金の受取口座を誤って登録するなどの事例が相次いだことで、様々な不安をお持ちのお客様が少なからずいらっしゃると思います。

そのような不安を解消するためにも、丁寧な説明が必要です。

特に、マイナンバーとマイナンバーカードの違いに関しては、理解しづらいと感じているお客様が多いと思われるので、丁寧に説明することを心がけましょう。

なお、個人情報の取扱いについては、国の個人情報保護委員会が『金融業務における特定個人情報の適正な取扱いに関するガイドライン』を公表しているので参考にしてください。その中で、『「しなければならない」及び「してはならない」と記述している事項については、これらに従わなかった場合、法令違反と判断される可能性がある。一方、「望ましい」と記述している事項については、これに従わなかったことをもって直ちに法令違反と判断されることはないが、番号法の趣旨を踏まえ、可能な限り対応することが望まれるものである。』としていることに注意が必要です。

https://www.ppc.go.jp/legal/policy/my_number_guideline_bessatsu/

- マイナンバーの利用は行政手続きに限定され、民間企業は行政機関への届出以外では利用できない。
- マイナンバーカードは電子的に本人確認ができる「身分証明書」となり、民間企業でも自由に利用できる。
- 金融機関職員としてマイナンバーの取扱いには、十分に注意するとともに、常に業務記録をつけることを心がける。

# 第2章

## マイナンバーと金融機関実務

　金融機関では、徐々にマイナンバーを取り扱う業務が増えてきています。当初は、主に投資信託口座に関わる税手続きくらいでしたが、今は預金口座等でもマイナンバーの取扱いが必要不可欠です。この章では、金融機関がマイナンバーを取り扱う業務内容とその目的、注意すべき点、今後予想される新たな手続きについて、詳しく見ていくことにします。

## 当初は有価証券業務等の取扱いからスタート

　マイナンバー制度が開始されたのは2016年1月1日。この時点における預金取扱金融機関のマイナンバーの取扱いは、主に以下の2つの業務に限定されていました。

### 1）有価証券取引関連

　特定口座の開設やNISA（非課税口座）を始める場合は、租税特別措置法に基づき「特定口座年間取引報告書」や「非課税口座年間取引報告書」を税務署に提出する義務が生じるため、顧客からマイナンバーの届出を受ける必要があります。

### 2）国外送金関連

　100万円超の国外送金をする場合は、内国税の適正な課税の確保を図るための国外送金等に係る調書の提出等に関する法律に基づき、「国外送金等調書」を税務署に提出する義務が生じるため、顧客からマイナンバーの届出を受ける必要があります。

　マイナンバー制度の別名称が「社会保障・税制度」とされていたように、制度開始時は社会保障や税分野での行政機関への個人単位の届出業務に限定されていました。そのうち金融機関が担うのは、税務署への調書等の提出が義務付けられている業務で、その手続きの際、顧客のマイナンバーを取り扱う必要があります。

　その一方で、制度開始時はまだ個人の預金口座に関わる業務において、マイナンバーを取り扱うことはありませんでした。理由は、もちろん個人

顧客の預金の利子は源泉分離課税の対象だからです。そもそも税務署に支払調書を提出しないので、マイナンバーを届け出る必要がなかったのです。

　以上から有価証券関連業務や国外送金関連業務を行わない金融機関職員が、マイナンバーを直接取り扱う機会は基本的になかったわけです。

## 預金業務がマイナンバー制度の対象に

　制度開始時は対象外だった預金が、制度の対象になったのは 2018 年 1 月です。これを一般に「マイナンバーの預金付番」と言います。

　具体的な仕組みは、以下の通りです。

①「社会保障制度の資力調査や国税・地方税の税務調査」及び「預金保険等での名寄せ」のためにマイナンバーを利用できる

②預金者は、金融機関からマイナンバーの告知を求められるが、届出自体はあくまでも任意であり、告知義務は課されない

③金融機関はマイナンバーによって預金情報を検索できる状態で管理する必要がある

　また、全銀協作成のガイドラインでは、『金融機関は預金口座開設時や住所変更手続きの際に、マイナンバーの届出の案内をすることが期待される』としています。

　任意とは言え、金融機関職員にとって、マイナンバーが預金に付番されるようになったことの意味は決して小さくありません。以下で説明するように、マイナンバーを取り扱う必要がある業務は多岐にわたるため、業務量が飛躍的に増加する可能性があるからです。

## 公的給付の効率化等から更に対象拡大

　預金でのマイナンバーの取扱いが急激に増えるきっかけとなったのが、新型コロナウイルスの感染拡大です。公的給付の効率化実現などを目的に、

制度は大幅に変更されました。主な改正点は、以下の通りです。

① 2021 年に成立した「公的給付の支給等の迅速かつ確実な実施のための預貯金口座の登録等に関する法律」により、マイナポータル経由で預金口座の情報を登録することで、公的給付等を受け取れる公金受取口座登録制度が 2023 年 3 月 28 日から始まりました。金融機関は、行政機関等が登録口座情報を利用できるよう登録申請を行う必要があります。

② 2024 年度までに、金融機関は口座開設等に際して、預金者に対してマイナンバー登録希望の有無の確認を行うことが義務づけられました。

③預金に付番されたマイナンバーの利用業務として、「災害時の利用」と「相続時の利用」が加えられました。

　以上からわかる通り、2024 年度以降、金融機関職員は口座開設などのタイミングで必ずマイナンバー登録の希望の有無を顧客に確認することが求められます。

　今後も金融機関において、マイナンバーの取扱い範囲が拡大されるのは間違いありません。金融機関職員としては、その時々の制度をしっかり把握して、「やるべきこと」「やってはいけないこと」を理解した上で業務に取り組むことが重要です。

# Q2-1
# 預金付番制度について教えてください

　マイナンバーの預金付番制度が始まったのは、2018年1月からです。

　この制度により、各金融機関は預金口座を保有する顧客からマイナンバーの届出を受けることになりました。ただし、マイナンバーの登録はあくまでも任意で、顧客にマイナンバーの告知義務はありません。但し、今後（2024年度までに開始予定）金融機関は口座開設などの重要な取引に際し、登録希望の有無を確認する義務を負うことになります（金融機関の希望確認義務）。

　なお、預金口座に付番されたマイナンバーの利用分野としては、以下のことが想定されています。

**1）預金保険機構等の名寄せでの利用**

　預金保険機構等が行うペイオフ対応に際して、預金口座の名寄せ事務等に利用します。

**2）行政機関による税務調査や資力調査での利用**

　行政機関が社会保障給付に係る資力調査や国税・地方税の税務調査を行うにあたって、金融機関に対してマイナンバーによる照会があった場合は、当該マイナンバーが付番された口座の情報を提供する義務が生じます。なお、これらの調査については、マイナンバーの預金付番が行われる前から氏名などの情報を利用して行われていたものであり、マイナンバーの利用はあくまでも調査を効率化するのが目的です。つまり、マイナンバーを届け出ていなければ調査を逃れることができる、というわけではないことに注意が必要です。

### 3）災害時の口座情報の利用（2024 年度までに利用開始予定）

　災害時に被災者がキャッシュカード等を失っても、あらかじめ預金口座にマイナンバーが付番されていれば、金融機関はマイナンバーの情報を得ることによって、預金の払戻しにつなげることができます。

### 4）相続時の口座情報の紹介（2024 年度までに利用開始予定）

　被相続人があらかじめ預金口座へのマイナンバーの付番を行っていれば、相続人は金融機関を介して預金保険機構に付番されているすべての被相続人名義の預金口座情報を求めることができます。つまり、相続時に負担となる「被相続人の保有する預金口座に関する情報収集」の手間が軽減されます。

### 5）公的給付での利用（制度は 2022 年より開始）

　公金受取口座登録法により、公的給付の支給を受けるための預金口座を予めマイナンバーと共に登録してもらうことで、行政機関は公的給付の支給の際に必要な口座情報を取得できるようになります。なお、金融機関における公金受取口座の登録申請は 2024 年度までに行われる予定です。

　上記の通り、マイナンバーの預金付番による利用範囲は、マイナンバー制度の改正に伴い徐々に広がってきています。金融機関職員にとっても、顧客業務の中でのマイナンバーを取り扱う機会は確実に増えるので、誤った対応をしないよう、十分注意する必要があります。

# Q2-2
# NISA口座にマイナンバーは必要ですか?

　NISA口座は有価証券取引口座なので、金融機関は「非課税口座年間取引報告書」など、マイナンバーを記載した法定調書を税務署に提出する必要があります。つまり、NISA口座開設に際し、顧客からマイナンバーの届出を受ける必要があるということです。

　ただし、従来NISA口座開設に当たって必要とされた住民票の添付は、2018年分より不要になっているので注意してください。ご存じの通りNISA口座は一人1口座しか開設できないため、4年に1度住民票を金融機関に提出することが義務付けられていましたが、マイナンバーを利用することによって、税務署側が一人1口座であることを確認できるようになったので不要とされたのです。

　このようにマイナンバーの届出義務があるとはいえ、NISA口座の開設における手続きの利便性は確実に向上しています。しかも2024年には、NISA制度の抜本的拡充・恒久化が行われる予定です。当然、それを契機にNISA口座の申込み数の大幅増が見込まれるので、金融機関職員にとってはNISA口座とマイナンバー関連知識の習得が喫緊の課題になりそうです。

●現行NISAと新NISAの違い

| | 新NISA | 現行NISA | |
|---|---|---|---|
| | | 一般NISA | つみたてNISA |
| 最大利用可能額 | **1,800万円** | 600万円 | 800万円 |
| 年間投資上限額 | 360万円 | 120万円 | 40万円 |
| 非課税期間 | **無期限** | 5年間 | 20年間 |
| 実施期間 | 2024年から恒久化 | 2023年まで | 2042年まで |

＊現行NISAは2023年で新規投資終了

# Q2-3
# マイナンバーの取扱いで
# 注意すべき点を教えてください

　前述したように、金融機関業務においてマイナンバーの取扱いが必要となる分野は徐々に広がりつつあります。他にも時期が未確定のため、実際の制度運用は未定という分野は少なくありません。

　ご存じの通り、マイナンバーはセンシティブな個人情報なので、取扱いに当たって注意すべき点が多々あります。以下、具体的な取組み方法を列挙するので、手続きの際には、十分注意して業務に当たるよう心がけましょう。

### 1）あらかじめ問い合わせが増えることを想定して準備する

　マイナンバーの利用範囲が拡大するにつれて、顧客からの問い合わせが増えることが予想されます。しかも、その時々で利用範囲が異なるので、どのタイミングでどのような制度になるのかを、時系列で理解しておく必要があります。もちろん、それに伴いどのような手続が必要になるかもあらかじめ把握したうえで、顧客からの問い合わせに対応することが重要です。

### 2）制度のタイムスケジュールに基づいた業務手順を確認する

　マイナンバーの利用範囲については、今後順次拡大することが想定されます。例えば、今はマイナンバーの取扱いはないが、ある時点を境に対応が求められるといったケースです。その際、気を付けなければいけないのが「マイナンバーは目的外利用に関して厳しく制限されている」ということです。つまり、利用範囲が拡大するタイミングで業務手順自体を大きく見直す必要に迫られる可能性があるということです。

　手順をミスすれば、お客様に多大な迷惑をかけることになります。場合によっては、銀行本体にダメージを与えることになるかもしれません。そうしたリスクを回避するためにも、制度スケジュールを随時確認し、その上で必要な業務手順の変更を行うようにしましょう。

　なお、次章以降で詳しく解説しますが、マイナンバーそのものではなくマイナンバーカードを取り扱う業務も今後増えていきます。マイナンバーを書類に記載してもらう業務だけではなく、マイナンバーカードを提示してもらうことによる確認業務などが加わるということです。当然、それには、個人情報保護の観点から様々な制約があります。誤った手続きをしてしまうと、大きな事故につながりかねないので、事前にその違いをよく理解したうえで業務を行うようにしましょう。

**第2章の**
**Keypoint**

・金融機関業務でのマイナンバーの取扱いは順次拡大する。

・預金口座へのマイナンバーの付番は、金融機関職員の業務に極めて大きな影響を及ぼすので、予め業務手順をきちんと確認することが望ましい。

・今後マイナンバーの利用範囲は随時拡大していくので、それに伴い顧客からの問い合わせや相談も増加する可能性が高い。

# 第3章
## 拡がるマイナンバーカードの利活用

## マイナンバーとマイナンバーカードは全く別物

　第 1 章・第 2 章で述べたように、マイナンバーは行政の効率化を目的としてつくられた仕組みです。そのため金融機関を含む民間企業での利用は行政機関への届出以外、災害時や相続時など、非常に限られた範囲に限定されています。同時に、取扱いに関しても法令により厳格に規定されていることから、「マイナンバーはあくまでも行政機関が利用する番号」と言えます。

　一方、同じマイナンバーという名前がついていてもマイナンバーカードは取扱いがまったく異なります。確かに券面に各個人のマイナンバーが記載されていますが、マイナンバーカードの主な利用方法は「身分証明書」、それも「電子の領域でも使える身分証明書」です。しかも、マイナンバーカードは民間でも自由に利活用することができます。つまり、民間企業などが身分証明書として活用することができるカードで、政府も積極的に活用されることを期待しているカードなのです。

　すでに多くの方がマイナンバーカードを取得しているので、経験済みだと思いますが、マイナンバーカードを交付してもらう際、厳格な本人確認が行われます。実際に役所の窓口で手続きをする時、「なんて面倒くさいんだ」と感じた方も多いのではないでしょうか。

　しかし、厳格な本人確認を行い、さらに券面に顔写真を印刷することで、身分証明書としての信頼性を高めているのです。これまで顔写真が印刷されている公的な証明書は、運転免許証やパスポートなどごく少数に限られ、いずれも取得した人しか利用することはできません。それらに対し、マイナンバーカードは住民票があれば誰でも取得可能であり、かつ信頼性の高い身分証明書ということです。

## マイナンバーカードは『デジタル社会のパスポート』

　ネット上では今、SNS やオンライン通販、配信サービス、決済など、多種多様なサービスを利用することができます。特にスマートフォンが普及して以降、その傾向は顕著で、今や「誰もがネット上のサービスを利用しない日はない」と言っても過言ではない状況です。そんなネットの世界でも、マイナンバーカードは非常に有効なツールになると言われています。

　ただその一方で、不正利用やなりすましによる事件が多発するなど、課題も多くあります。「パスワードなどを盗まれてしまい、いつの間にかオンライン取引でお金を盗まれてしまった」といった報道を耳にした人も多いと思います。

　実は、こうしたネット被害の多くが、ネットサービスのユーザー名（ID）やパスワードを不正に盗まれたことで起きているのです。その点、マイナンバーカードは、ネット上で安全安心に本人確認・本人認証が行える仕組みなので安全です。また、マイナンバーカードの IC チップに保存されている電子の鍵「電子証明書（署名用と利用者証明用の２種類）」を使えば、マイナンバーカードを持っている本人であることを確実に確認できます。もちろん電子証明書にも高度なセキュリティ機能が施されているので、電子証明書を盗まれたり、成り済まし等の被害にあうリスクを回避することができます。

　政府が「マイナンバーカードは確実・安全な本人確認・本人認証ができる『デジタル社会のパスポート』」と提唱しているのも、こうした理由からです。

## 拡大するマイナンバーカードの利用分野

　マイナンバーカードの交付数は急速に増加しており、2023 年 6 月 4 日時点で申請件数は 9,700 万件と人口の 77% を超えました（交付枚数は 91,000

万枚）。並行して、マインバーカードの利用分野も急速に広がりつつあります。今後予定されているものを含め、どのような分野で利用されるか、具体的に見ていきましょう。

### 1）対面・非対面での本人確認書類

　金融機関の口座開設、携帯電話の契約、会員登録などの際の本人確認書類として、対面だけではなくオンラインでの手続きでも電子証明書を利用して行うことができます。

### 2）健康保険証

　マイナンバーカードに健康保険証機能が搭載されます。診療所や薬局の窓口に設置してある顔認証機能付きカードリーダーにマイナンバーカードを置き、本人確認をすることで被保険者であることの確認ができます。なお、健康保険証機能の搭載に伴い、2024 年秋に健康保険証は廃止される予定です。

### 3）マイナポータル

　政府が運営するマイナポータルは、子育てや介護をはじめとする行政サービスを利用したり、税務署や地方公共団体が提供するオンラインサービスを利用する際に、ワンストップサービスの入り口となるサイトです。マイナポータルを利用する時は、マイナンバーカードでログインします。マイナンバーカードを活用することで、本人確認・本人認証を確実に行っているわけです。

　なお、マイナポータルについては、第 7 章で詳しく解説しているので、参考にしてください。

### 4）コンビニ交付

　市区町村窓口に行かなくても、近くのコンビニで住民票の写しや課税証明書などが取得できます。毎日 6:30 から 23:00 まで、居住する市区町村以外のコンビニでも利用することができます（但し、市区町村によっては利用時間に制限があるので必ず確認してください）。

## 5）マイナポイント

　マイナンバーカードの取得、健康保険証利用の申込、公金受取口座の登録で、キャッシュレス決済サービスのポイントが付与されます。また、地方公共団体によっては独自の自治体マイナポイントを提供しているところもあります。例えば、ボランティアへの参加や出産の際にポイントが提供される等、様々な取組みが行われています。

## 6）公金受取口座登録

　公金受取口座登録とは、預金口座の情報を一人１口座、事前に国（デジタル庁）に登録することによって、緊急時の給付金をはじめ年金、児童手当、所得税の還付金等、多種多様な支給事務に利用する制度です。この口座登録はマイナンバーカードを使って行います。この公金受取口座は、今後、金融機関にとって非常に重要な位置づけになるので、しっかり理解しておくことが重要です。具体的な取組み等については、第５章で詳しく説明します。

## 7）運転免許証をはじめ様々なカードとの一体化（2024 年度以降予定）

　2024 年度以降、運転免許証や予防接種券、在留カードなど、様々なカードとの一体化が行われる予定です。例えば、運転免許証では、マイナンバーカードとの一体化手続きを行うことで、マイナンバーカードさえあれば運転免許証の携行が不要になります。さらにマイナンバーカード機能をスマートフォンに搭載した「モバイル運転免許証」の実現も予定されています。そうなれば、スマートフォンさえ携行していればマイナンバーカード自体の携行も不要になります。

　なお、マイナンバーカードが持つ電子証明書機能のスマートフォン搭載については、すでに 2023 年５月から一部の機種で可能になっています。今後も対応型の機種は増え続けると思われるので、近い将来、スマートフォンさえ持っていればマイナンバーカードを携帯する必要がない時代が到来すると予想されます。

## 増え続ける民間での新たな取組み事例

　マイナンバーカードの普及が進むにつれて、行政での利用だけでなく民間での利用事例も増えてきました。例えば、ある企業はサーバールームなどの機密情報を取り扱う部屋への入室管理に、マイナンバーカードを利用しています。こうした活用のほか、ネットサービスを提供している企業を中心に、様々な活用事例が出てきています。特に「搭載する電子証明書を活用することで、確実に本人確認を行う必要があるサービス」分野での活用が顕著です。

　例えば、以下のような事例です。

　①ネット決済の本人確認に利用する（PayPay、メルペイ等）

　②オンラインでの口座開設（証券会社、銀行等）

　③契約者に関するオンラインでの本人確認及びマイナンバー収集（生命保険）

　④新卒採用におけるオンラインでの本人確認及びマイナンバー収集（企業の人事部門）

　このように「非対面で本人確認ができる」というマイナンバーカードの特長を活かした様々な取組みが行われています。

# Q3-1
# マイナンバーカードと健康保険証の一体化について教えてください

　健康保険証を廃止し、マイナンバーカードと一体化することを巡って議論が喧しくなっていますが、そもそもマイナンバーカードを健康保険証として利用できるようになったのは2021年10月からです。すでに利用している方もいると思いますが、いずれ診療所などの医療機関や薬局などの窓口で、健康保険証の代わりにマイナンバーカードを提示することになると思われます。

　マイナンバーカードを健康保険証として利用するためには、マイナポータルで利用するための登録を行う必要があります。登録することで、マイナンバーと各健康保険組合の組合員である被保険者を紐づけるわけです。2023年6月4日時点で、このマイナンバーカードと健康保険証の紐づけを行ったのは約6,300万人、人口の約7割の方が利用申込を行ったことになります。

　当然ですがマイナンバーカードを利用するには、顔認証機能付きカードリーダーが必要です。つまり、仮に医療機関等の窓口に設置されていなければ、利用したくてもできないわけです。では、現段階でどの程度普及しているかというと、2023年6月時点で全体の75%前後です。この程度ではまだ網羅されたとは言えない状況ですが、すでに9割を超える機関が設置申請を終えているので、近い将来、マイナンバーカードによる受付けが主流になると思われます。

　具体的な確認手順ですが、顔認証機能付きカードリーダーの読取口にマイナンバーカードを置き、備え付けのカメラでカードの顔写真と照合する

だけです（カードの暗証番号（4桁）でも可能）。医療機関にとってはリアルタイムで被保険者の確認ができるし、利用者にとっても従来の保険証による悪用を防げるので、一石二鳥というわけです。

　他にも健康保険証とマイナンバーカードの一体化には、以下のようなメリットがあります。

　①処方された薬の情報等をマイナポータルでいつでも見ることができる

　②高額療養費制度の手続きが不要になる（高額療養費制度とは、急な入院などで高額な療養費が発生した場合、後日申請することで支払った額のうち限度額以上（所得等によって異なる）の部分が返金される制度のこと）。

　③転職した場合も、マイナンバーカードを保険証としてずっと使える

　また、スマホにマイナンバーカード機能を搭載することで、「スマホによる健康保険資格確認」ができる仕組みが、2024年にも開始される予定です。スマートフォンさえあれば、マイナンバーカードを携行しなくても健康保険証として利用できるようになるのです。

# Q3-2
# マイナンバーカードと運転免許証の一体化について教えてください

マイナンバーカードと運転免許証の一体化については、2022年に成立した改正道路交通法の中に「運転免許証と個人番号カード（マイナンバーカード）の一体化に関する規定」が盛り込まれたことからも明らかです。具体的には、「2024年度中にマイナンバーカードと運転免許証を一体化して運用する」とされています。

ただし、運転免許証との一体化はあくまでも申請制で希望者のみです。つまり、希望すればマイナンバーカードに運転免許証情報を登録することができるという仕組みです。具体的な登録事項は、運転免許証に記載されている12ケタの免許番号、有効期限、氏名、生年月日、交付年月日、取得した免許の種類、本籍などの情報がマイナンバーカードのICチップに記録されます。

当然、運転免許証情報を登録したマイナンバーカードを携行していれば、運転免許証を持っていなくても自動車の運転ができます。但し、一体化されたカードは運転免許証とみなされ、携帯義務や警察官への提示義務が適用されることに注意が必要です。ちなみに警察官による運転免許証情報の確認は、専用端末によりカードのICチップを読み取る方法がとられる予定です。

なお、マイナンバーカードと運転免許証の一体化には、次のようなメリットがあります。

**①引越しなどに際して、市区町村役場でマイナンバーカードの住所変更手続きを行えば、警察施設での住所変更手続きを行わなくて済む**

②免許更新の際、居住地外でも免許更新を行うことが可能になる。また、通常の免許更新と同様、誕生日の 1 か月後まで更新手続きができる

③オンラインでの免許更新時講習の受講が可能（実施時期等の詳細は未定）

　また、スマホにマイナンバーカード機能を搭載することで、「モバイル運転免許証」も可能になる予定です。マイナンバーカードや運転免許証を携行していなくても、スマートフォンさえあれば運転できるようになれば便利です。前述した「スマホによる健康保険資格確認」と合わせて利用すれば、スマートフォンだけで運転免許証や健康保険証として利用できるので、利便性は大幅に高まるでしょう。

# Q3-3
# スマホにマイナンバーカード機能搭載ってどういうことですか？

　正式名称は「スマホ用電子証明書搭載サービス」と言います。具体的には、「マイナンバーカードの保有者に対して、マイナンバーカードと同等の機能（署名用及び利用者証明用の電子証明書）を持った、スマートフォン用の電子証明書の搭載サービス」で、すでに2023年5月から始まっています。

　このサービスを利用することによりマイナンバーカードを持ち歩くことなく、スマートフォンだけで、様々なマイナンバーカード関連サービスの利用や申込みができます。また、本人確認についても、利用者証明用の4桁の暗証番号の代わりに、携帯電話の持つ生体認証機能を利用できるので便利です。但し、署名用の6桁から16桁の暗証番号は従来通り入力が必要です。

　現状では、以下のような手続きにおいて利便性が向上すると考えられます。但し、2023年6月時点でサービスを利用できるのは、Android搭載のスマートフォンのみで、iPhoneでの利用は時期未定となっているので注意してください。

①マイナンバーカードをかざすことなく、マイナポータルが利用できます（対象機能は順次拡大予定）

②住民票の写しなどの証明書の交付を、スマホを使いコンビニで手続きできます（2023年内開始予定）

③口座開設などの各種民間サービスの申し込み・利用の際、マイナンバーカードを使わずスマホだけで手続きができます（順次対応予定）

④スマホを健康保険証として利用できます（2024 年 4 月頃開始予定）

⑤「モバイル運転免許証」の実装（時期未定）

いずれにしても、マイナンバーカードの電子証明書を利用したサービスは、今後民間企業を中心に利用分野が大幅に拡大するのは間違いありません。その際、スマホにマイナンバーカード機能を搭載しておけば、マイナンバーカードを携行する必要はないので安心・安全です。

今や現代人にとってスマートフォンは無くてはならないツールと言えます。そのスマートフォンさえあれば、様々なサービスを利用できるので、生活の利便性は確実に向上するでしょう。

なお、スマートフォンを紛失した場合は、政府が提供するコールセンターに連絡することで一時利用停止の措置を 24 時間設定できます。紛失・盗難など、まさかの時の対応も素早く行うことができるので安心です。

・マイナンバーとマイナンバーカードは全く別物。

・マイナンバーカードは「デジタル社会のパスポート」として、今後幅広い分野で活用される。

・スマホへのマイナンバーカード機能搭載により、マイナンバーカード自体の携行も徐々に不要に。

# 第4章

## 金融機関としての
## マイナンバーカードの活用法

　今後、金融機関はどのような場面でマイナンバーカードを活用することになるのでしょうか？

　おそらくこれまでは、「どの部署も直接マイナンバーカードを取り扱う機会はあまりなかった」と言うより、そもそも名称に「マイナンバー」とあることから、マイナンバーそのものの厳格なルールにしり込みし、「できれば取扱いを敬遠したいなあ」と思っていたのではないでしょうか。

　確かに今までは、マイナンバーカードを直接取り扱う業務は少なかったと思います。そもそもマイナンバーカード自体、それほど普及していなかったため、「敢えて活用する必要性がなかった」ということだったのかもしれません。

　しかし、今後は取り扱う機会は確実に増えていきます。理由は2つあります。もちろん1つは、マイナンバーカードの普及が進んだことです。マイナンバーカードを保険証として利用するなど、多くの方が常時携行するようになれば、確実にマイナンバーカードを使う機会は増えてきています。

　もう1つは、マイナンバーカードはマイナンバーそのものと異なり、広く民間での活用が期待されているからです。政府もマイナポイントを付与するなど、活用促進のための施策を積極的に行っています。

　前述した通り、「マイナンバーカードはデジタル社会のパスポート」を標榜しており、金融機関もマイナンバーカードを活用した新たなデジタルサービスの提供が可能です。換言すれば、その波に乗り遅れると経営上大きな損失を被る可能性があるということです。


## まずは公的身分証として活用

　金融機関におけるマイナンバーカードの利活用として、まず考えられるのが、以下のカードの券面を利用した対面での手続き等です。

### 1）口座開設時等の本人確認手段
　金融機関では、犯収法（犯罪による収益の移転防止に関する法律）の規

定により、口座開設や 10 万円を超える現金振込み等の際、顧客の氏名、住所、生年月日等について、公的身分証による本人確認手続きが義務付けられています。具体的には、運転免許証や各種健康保険証、マイナンバーカードなどを提示してもらい、その写しを取ることで確認します。その際、マイナンバーカードについては取扱い上、注意しなければいけないことがあります。それは、マイナンバーが記載されている裏面は絶対にコピーしてはいけないということです。

## 2）マイナンバーの口座付番の届出時

2018 年 1 月に施行されたマイナンバーの預金口座への付番制度により、預金者は預金口座へのマイナンバーの届け出を行うことができるようになりました。「行うことができる」ということは、あくまでも任意であり義務ではないということです。では、届け出ることによって預金者にどのようなメリットがあるのでしょうか。

1 つは、金融機関が破たんした時や災害時などにマイナンバーを利用して円滑な預貯金の払戻しができること。もう 1 つは生活保護や給付金などを申請する際、手続きをスムーズに行うことができることです。また、2023 年 3 月 28 日から始まった公金受取口座登録制度もメリットの 1 つと言えます。

いずれにしても、預金者からマイナンバーの届出希望があった時は、それを受け付け、マイナンバーを確認する必要があります。具体的には、マイナンバーが記載されている書類（例：マイナンバーカード、マイナンバーが記載されている住民票など）と本人確認に必要な書類（例：運転免許証、健康保険証など）の 2 つを提示していただき、それらに齟齬がないかを確認します。この作業がマイナンバーカードであれば、2 種類の書類を兼ねているので、1 枚で済むわけです。

なお、マイナンバーの届出を受ける時は、本人確認書類としての表面のコピーだけでなく、番号が記載されている裏面のコピーも保管する必要があるので注意してください。当然、この場合はマイナンバーを取り扱うこ

とになるので、情報管理に万全を期すことが義務付けられています。

　このように券面を公的身分証として活用する場合は、基本的に運転免許証など他の顔写真付き公的身分証と同じ取扱いですが、口座付番届出時は厳格になるので注意してください。今後、マイナンバーカードを保有する預貯金者数は確実に増加するので、金融機関の窓口での取扱いも確実に増えることが予想されます。繰り返しますが、カードの裏面には取扱いに細心の注意が必要なマイナンバーが記載されています。くれぐれも安易にコピーするなど、誤った取扱いをすることのないよう、周知徹底することが重要です。

## 電子証明書の仕組みを活用

　マイナンバーカードは、券面での利用以外に、カードのICチップ領域に収納された電子証明書を利用して、本人確認等を電子的に行うことができます。従来、こうした電子証明書の仕組みを金融機関が利用するのは、一部のネット手続き等に限られていましたが、今後は対面でも電子証明書の活用が中心になると考えられます。理由は後で詳しく説明することとし、まずはどのような使い方があるか説明しましょう。

### 1）口座開設時等の本人確認手段

　犯収法に基づく本人確認の手法として、マイナンバーカードによる公的個人認証の利用が認められています。具体的には、カードに収納されている署名用電子証明書を、ICカードリーダーまたはスマートフォンなどの機器を利用して読み取ることで確認します。

　電子証明書を利用する利点は、以下の通りです。

①なりすましや偽造等の被害の可能性が低い

②処理が速い

③フルデジタルが可能になることで効率化はもちろん、ミスなどの発生

を防ぐことができる

④**本人確認書類のコピー保存が不要になる等、業務負荷が軽減される**

このように従来はネットでの口座開設など、オンラインでの利用が殆ど
でしたが、今後は窓口等でもマイナンバーカードの電子証明書を利用した
本人確認の機会が増えると考えられます。

## 2）マイナンバーの口座付番での利用

前述した通り、マイナンバーカードの券面の裏面にはマイナンバーが表記
されています。同様にカードの IC チップには、券面に記載されている氏名、
住所、生年月日、性別の4情報とともに、マイナンバーが記録されています。

つまり、顧客が預金口座へのマイナンバーの届出を行う際、これらの情
報を IC カードリーダーまたはスマートフォン等の機器で読み取ることで、
書類等の提出をすることなく届出を行うことができるのです。

**マイナンバーカードを活用した口座開設**

### 従来

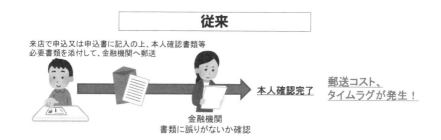

来店で申込又は申込書に記入の上、本人確認書類等
必要書類を添付して、金融機関へ郵送

本人確認完了

金融機関
書類に誤りがないか確認

郵送コスト、
タイムラグが発生！

### 【公的個人認証サービス利用】

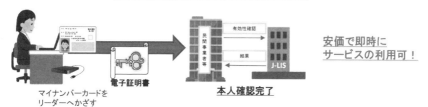

マイナンバーカードを
リーダーへかざす

電子証明書

民間事業者等

有効性確認

結果

J-LIS

本人確認完了

安価で即時に
サービスの利用可！

# Q4-1
# 今後、金融機関が行う本人確認手続きはどのようになる予定ですか?

　政府は、2023年6月6日にデジタル社会推進会議を開催し、「デジタル社会の実現に向けた重点計画」を決定しました(6月9日に閣議決定)。この重点計画は、目指すべきデジタル社会の実現に向けて、政府が迅速かつ重点的に実施すべき施策を明記したものであり、今後各省庁はこの計画の工程表に沿って、デジタル化に向けた具体的な施策を展開していくことになります。

　注目すべきは、いずれの省庁もマイナンバーカードの利活用に重点を置いており、具体的な施策とその工程表を明確に提示していることです。もちろん、民間ビジネスにおける利用促進の一環として、金融機関の行う本人確認手続きについても、次のように言及しています(重点計画本文のP54)。

　『犯罪による収益の移転防止に関する法律、携帯音声通信事業者による契約者等の本人確認等及び携帯音声通信役務の不正な利用の防止に関する法律(携帯電話不正利用防止法)に基づく非対面の本人確認手法は、マイナンバーカードの公的個人認証に原則として一本化し、運転免許証等を送信する方法や、顔写真のない本人確認書類等は廃止する。対面でも公的個人認証による本人確認を進めるなどし、本人確認書類のコピーは取らないこととする。』

　また、デジタル社会推進会議に提出された「デジタル社会の実現に向けた重点計画(案)説明資料」に記載された「安全・安心で便利な国民生活に向けたマイナンバーカードの機能拡充と安全安心対策 工程表」では、本人確認手法のカードへの一本化について、以下のように言及しています。

『2023年度　eKYC（electronic Know Your Customer）廃止等について、事業者と議論・調整の上、改正内容を検討

2024年度　パブリックコメントのうえ、改正内容決定

2025年度以降　十分な準備期間を確保したうえで施行』

こうした資料からもわかるように、早ければ2025年度にも金融機関での本人確認手法はマイナンバーカードの公的個人認証に原則一本化されると考えられます。もちろん対面手続きでは、運転免許証などの他の書類による確認も可能ですが、いずれ本人確認書類のコピーは取らないことが基本手続きになれば、実質的に対面でもマイナンバーカードの公的個人認証が中心になると考えるのが妥当です。

ご存じの通り、金融機関の口座開設は、通常以下の方法で行われています。

**①窓口等の対面での申し込み**

**②オンラインでの申し込み**

**③郵送での申し込み**

今後は何れの方法でも口座開設の際、公的個人認証による本人確認が必要になるので業務手順の変更は必須です。また、それに伴うシステム改修やカードリーダー等の機器の導入なども必要になると考えられます。

今のところ制度の詳細は不明ですが、例えば口座開設時等にマイナンバーカードをカードリーダー等で読取り、電子証明書の確認を行うといったことが考えられます。そうなれば、従前必要だったマイナンバーカードの券面のコピーなどの保管は不要になります。

また、口座開設時にマイナンバーカードの読み取りが必須になることから、マイナンバーそのものの届出を同時に行って頂くことが容易になると考えられます。つまり、マイナンバーの届出対応も併せて行うことになると思われます。

なお、犯収法では、保険やクレジットカードも対象になっているので、銀行だけでなく生命保険・損害保険会社やクレジットカード会社も同じような対応を行うことになると思われます。

# Q4-2
# マイナンバーカードを活用した新たなサービスにはどんなものがありますか？

マイナンバーカードの公的個人認証には、以下の2つの特徴があります。

・オンラインでその場で本人確認が可能

・本人から同意を得ていれば、顧客の最新の4情報（住所、氏名、生年月日および性別）をJ-LIS（地方公共団体情報システム機構※）にいつでもオンラインで照会できる

※デジタル庁が所管する法人で、マイナンバーカードの発行やマイナンバー制度を支える各種システムの整備・運用を行っています。

これらの特長を活かした新たなサービスとして、以下のようなものが考えられます。

## 1）即日口座開設サービス

マイナンバーカードを使えば、オンラインで本人確認が可能なので、スマートフォンによる口座開設のサービスを最短即日で行うことができます。具体的には、申し込みの際の本人確認をマイナンバーカードの公的個人認証を活用して、カードから4情報（希望する場合にはマイナンバーも）を読み取ります。そうすれば、口座開設に必要な情報を正確かつ顧客の手間なく取得できるわけです。

来店することなく、しかも即日口座開設ができれば、顧客の利便性は確実に向上します。一方、金融機関にとっても新規顧客獲得に向けて大きなチャンスになると考えられます。

## 2）住所変更の確認サービス

前述した通り、マイナンバーカードにより公的個人認証サービスを利用

すれば、顧客の最新の４情報（住所、氏名、生年月日および性別）をJ-LIS（地方公共団体情報システム機構）にいつでもオンラインで照会できます（但し、事前に本人から同意を得る必要があります）。

　この機能を活用すれば、以下のことが可能になります。

・**金融機関は顧客の住所変更等をリアルタイムで知ることができる**

・**いつでも照会することができる**

　このように住所変更等が自動的に行われるので、顧客の手間を軽減すると同時に、金融機関にとっても顧客の最新情報を常に把握できるようになります。

　ここでは、２つの例を挙げましたが、それ以外にも様々な活用が進むと考えられます。

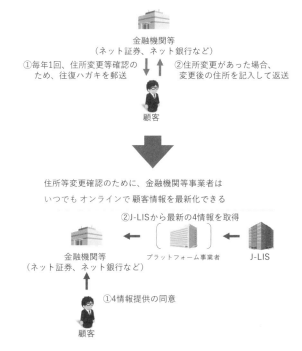

## 今後は公金受取口座の登録手続きも金融機関業務の対象に

　公金受取口座制度とは、預貯金口座の情報をマイナンバーとともに事前に国（デジタル庁）に登録しておくことにより、今後の緊急時の給付金等の申請において、申請書への口座情報の記載や通帳の写し等の添付、行政機関における口座情報の確認作業等を不要にする制度です。

　公金受取口座の登録方法は、現状①マイナポータルでの登録と②所得税の確定申告（還付申告）の際の登録の2通りですが、2023年度下期以降から新たに金融機関の窓口等での登録が開始されます。現時点（2023年6月）では、登録手続きの詳細は不明ですが、おそらく書面又はマイナンバーカードでの登録手続きになると思われます。

　いずれにしても制度詳細が明らかになった時点で、具体的な取組みを検討することになりますが、本人確認と同じようにマイナンバーカードでの登録手続きが主流になる可能性が高いと思われます。

# Q4-3
## 次期マイナンバーカードについて教えてください

　2023年6月6日に決定した「デジタル社会の実現に向けた重点計画」では、「2026年（令和8年）中を視野に次期マイナンバーカードの導入を目指す」としています。

　カード配布が始まったのが2016年。法律で有効期限は10年とされているので、当初マイナンバーカードを取得した方々は2026年度で10年となり、新たなカードに更新する必要が生じるわけです。そこで、国はこのタイミングを契機に、カードの券面記載事項の変更やセキュリティー対策の強化等を進めるため、新たなカードの導入に踏み切ることとしたのです。

　なお、次期カードに関して、国は以下の点に関して検討を行うとしています。

・券面デザイン
・券面記載事項（性別、マイナンバー、仮名、国名、西暦など）
・電子証明書の有効期間（現行5年）の延長
・早期発行体制の構築　　　等

　券面記載事項については、現状記載されている性別やマイナンバーを記載しない方向で検討が進められています。理由は、「性別はプライバシーに関わるセンシティブな問題であること」、「マイナンバーが他人に知られることへの懸念の声があった」ためです。

　仮に記載しない場合は、カードのICチップ領域に記録し、手続き等で必要な場合に電子的な手法で読み取る方法に一本化するものと考えられます。

こうした検討事項にかんがみれば、マイナンバーカードの券面には必要最小限の事項のみ記載し、実際に本人確認手続き等で利用する場合に、カードリーダー等で読み込む方式に一本化されていくものと考えられます。

- 今後、金融機関業務でマイナンバーカードを取り扱う機会が増えていく。
- 例えば、マイナンバーカードの公的個人認証による本人確認手続きを、口座開設などで利用することになる。
- マイナンバーカードの裏面記載のマイナンバーの取扱いには、引き続き注意する必要がある。

# 第5章
## 公金受取口座登録制度とは

## 公金受取口座登録制度の概要

　公金受取口座登録制度とは、国民が金融機関に保有する預貯金口座を、給付金等の受取のための口座として、国（デジタル庁）に任意で登録する制度です。公金受取口座として登録できる口座は、本人名義の預貯金口座に限られ、かつ一人一口座です。例えば、親名義の預貯金口座を子どもの公金受取口座として登録することはできません。

　この制度を利用すれば、給付金等を申請する際、申請書への口座情報の記載や通帳の写し等の添付が不要になります。行政機関にとっても、口座情報の確認作業等が不要になるので業務の軽減につながります。特に地震や津波などの災害によって甚大な被害を被り、かつ緊急を要する場合に預貯金口座の情報をマイナンバーとともに事前に国（デジタル庁）に登録しておけば、給付金等の申請をスムーズに行うことができるので便利です。

　登録された口座情報は、緊急時の給付金のほか、年金、児童手当、所得税の還付金等、多種多様な支給事務に利用することが可能です。なお登録する口座の正式名称は「公的給付支給等口座」ですが、一般に「公金受取口座」と略称するケースが多いようです。

　そもそもなぜこの制度ができたかと言うと、新型コロナウイルス感染症の感染拡大時に、行政側の対応に混乱があったことが要因と言われています。例えば、新型コロナウイルス感染症関連の給付金手続きを素早く行う必要があったのに、それができませんでした。なぜできなかったのかと言うと、給付を行うべき口座情報を行政側が事前に把握していなかったからです。

　そもそもこれまでは、行政機関が給付する給付金などを受け取る場合、振込先となる預貯金口座の口座番号などを記入し、通帳やキャッシュカードの写しなどと一緒に提出するのが普通でした。つまり、行政側が給付すべき口座を把握していないので、受給者は給付の都度申請する必要があったわけです。しかも、たとえ給付金を受け取る口座が同じであっても、申

請のたびに繰り返し記入しなければいけないので、手間がかかりました。

　一方、申請を受け付ける行政機関（市区町村等）も、申請書に記入された預貯金口座の情報を、申請ごとに丁寧に確認する必要がありました。こうした手間暇がかかるため、新型コロナウイルス感染症の拡大時に緊急支給を行おうとしても思うようにできず、新たな制度が創設されることになったのです。

　今後は、予め預貯金口座を登録しておけば、給付金等の申請をするときに口座情報を記入したり、通帳の写し等を提出する必要はなくなります。一方、行政機関（市区町村等）も煩雑な確認業務から解放されると同時に、より迅速に給付を行うことができるようになるわけです。

　なお、マイナンバーカードを利用した e-Tax による所得税の確定申告については、すでに 2022 年（令和 4 年）1 月 4 日から公金受取口座への登録申請ができるようになっています。さらに同年 3 月 28 日からはマイナポータルでも登録可能になっていますし、2023 年度下期以降は金融機関経由等での登録も行える予定です。

　なお、この制度は預貯金口座の付番制度とは別の制度なので、混同しないよう十分注意してください。特にマインバーの提出は、それぞれ別個に行われる点に注意が必要です。

# Q5-1
## 公金受取口座はどのような分野で使われますか?

　公金受取口座を利用することで、以下の給付金等を受け取ることができます。

①年金関係（例：厚生年金、国民年金　等）

②税関係（例：確定申告による所得税の還付　等）

③子育て給付関係（例：児童手当、子どものための教育・保育給付、児童扶養手当　等）

④就学支援関係（例：給付奨学金、貸与奨学金　等）

⑤障害福祉関係（例：障害児福祉手当　等）

⑥生活保護関係（例：生活保護の保護費）

⑦労災保険・公務災害補償関係（例：傷病（補償）年金、障害（補償）年金　等）

⑧失業保険関係（例：失業等給付、育児休業給付）

⑨職業訓練給付関係（例：訓練手当（就職促進訓練）等）

⑩健康保険関係（例：高額療養費、健康保険法に基づく保険給付　等）

⑪介護保険関係（例：居宅介護サービス費、居宅介護福祉用具購入費等）

⑫災害被災者支援関係

⑬その他

　これらの給付金を市役所などの行政機関等に申請する際、所定の申請書

に受取口座を公金受取口座に指定すれば、今後はいちいち給付金等を振り込む口座の口座情報を入力・記入する必要はなくなります。具体的には、申請を受け付けた行政機関等がデジタル庁から口座情報を取得することで振込を行うという仕組みです。

　なお、公金受取口座への登録は、国等が給付金等の給付事務にのみ利用するものであり、登録した口座情報を他の用途で利用することはできません。例えば、公金受取口座の登録を行ったことによって、税金等が引き落とされるといったことは一切ありません。

給付申請書等の様式のイメージ（傷病手当金の例）

「公金受取口座を活用した保険給付等について」（令和4年5月31日、保保発0531第2号）より
https://www.mhlw.go.jp/web/t_doc?dataId=00tc6792&dataType=1&page
No=1

# Q5-2
# 公金受取口座を登録するメリットにはどのようなものがあるのでしょうか？

　公金受取口座を登録するメリットには、以下のようなものがあります。

## 1）年金や還付金等の給付金を受け取る際の手続きが簡素化される

　これまでは年金や還付金などの申請毎に口座情報を登録する必要がありました。もちろん通帳の写し等の添付書類も登録手続きの都度、提出しなければいけないので結構面倒でした。一方、市町村などの行政機関側にとっても手続き毎に記載されている口座情報の確認等をする必要があり、事務が煩雑でした。それが、今後は給付金等の受取りに公金受取口座を登録することで、一切不要になるわけです。

## 2）口座情報の登録ミスなどを事前に防ぐことができる

　公金受取口座の登録等を受け付ける際は、必ず口座が実在するか確認する必要があります。具体的には、外部の口座確認サービス等を通じて、預貯金者から提供された口座情報に記載された金融機関に対して、本支店名、口座種別、口座番号及び口座名義を照会します。これにより公金受取口座の口座情報に誤りがないかを事前に確認するわけです。なお、この登録作業は1度だけなので、給付金申請のたびに発生する可能性がある登録ミスを防ぐメリットもあります。

　但し、「原則、給付金の申請時等に公金受取口座を利用する」ということであって、「公金受取口座の登録をしておけば、自動的に給付金が受け取れる」ということではないことに注意が必要です。

**預貯金口座の情報をあらかじめ登録しておけば、口座情報の提出・確認の手間が省けます**

申請書と口座情報

申請のたびに、預貯金口座の情報を提出するのは、出す側も確認する側も大変です

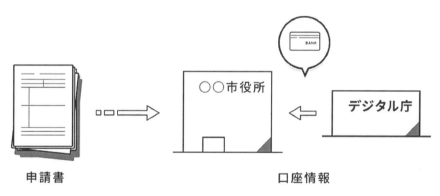

申請書　　　　　　　　　　　　　　　　口座情報

https://www.digital.go.jp/policies/account_registration/

# Q5-3
# 公金受取口座は必ず登録しなければいけないの?
# それとも登録手続きをしなければ登録されないの?

　公金受取口座の登録は、義務ではなく、あくまでも任意です。メリットは、Q5-2 で説明した通り、公金受取口座を事前に登録しておけば、給付金等の申請をする際、申請書に口座情報を記載したり、通帳の写し等を添付するといった手間が省けることです。当然、迅速な受給にもつながるので、災害時など急を要する時に便利な制度と言えます。

　登録手続きは、通常、自ら申請する必要がありますが、以下のような場合は、公金受取口座登録手続きを自ら行わなくても自動的に登録されます。

**1) 確定申告の際、「公金受取口座登録の同意」を選択**

　令和 5 年から所得税の確定申告の手続きにおいて、還付金等の受取りのための口座を公金受取口座として登録申請することができるようになりました。具体的には、e-TAX または書面での確定申告手続きの際、「公金受取口座登録の同意」を選択すると、申告時に記載の還付金振込口座が公金受取口座として登録されます（次ページ参照）。

## e-TAX及び書面申告の際の「公金受取口座登録の同意」の欄の例

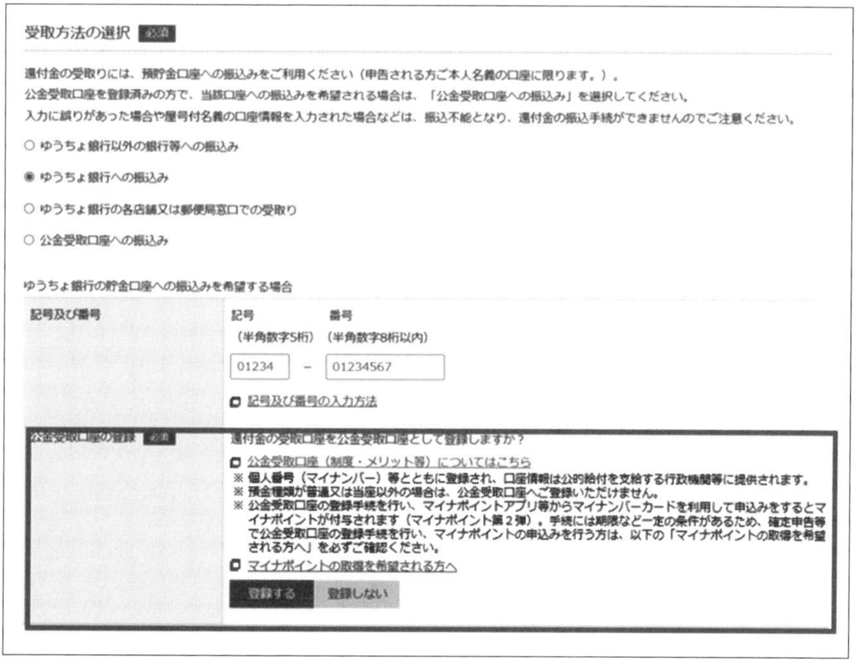
受取方法の選択 必須

還付金の受取りには、預貯金口座への振込みをご利用ください（申告される方ご本人名義の口座に限ります。）。
公金受取口座を登録済みの方で、当該口座への振込みを希望される場合は、「公金受取口座への振込み」を選択してください。
入力に誤りがあった場合や屋号付名義の口座情報を入力された場合などは、振込不能となり、還付金の振込手続ができませんのでご注意ください。

○ ゆうちょ銀行以外の銀行等への振込み
◉ ゆうちょ銀行への振込み
○ ゆうちょ銀行の各店舗又は郵便局窓口での受取り
○ 公金受取口座への振込み

ゆうちょ銀行の貯金口座への振込みを希望する場合

記号及び番号
記号（半角数字5桁）　番号（半角数字8桁以内）
01234 － 01234567
記号及び番号の入力方法

公金受取口座の登録 必須
還付金の受取口座を公金受取口座として登録しますか？
公金受取口座（制度・メリット等）についてはこちら
※ 個人番号（マイナンバー）等とともに登録され、口座情報は公的給付を支給する行政機関等に提供されます。
※ 預金種類が普通又は当座以外の場合は、公金受取口座へご登録いただけません。
※ 公金受取口座の登録手続を行い、マイナポイントアプリ等からマイナンバーカードを利用して申込みをするとマイナポイントが付与されます（マイナポイント第２弾）。手続には期限など一定の条件があるため、確定申告等で公金受取口座の登録手続を行い、マイナポイントの申込みを行う方は、以下の「マイナポイントの取得を希望される方へ」を必ずご確認ください。
マイナポイントの取得を希望される方へ
登録する　登録しない

他
本年分で差し引く繰越損失額 61
平均課税対象金額 62
変動・臨時所得金額 区分 63
延届納の出
申告期限までに納付する金額 64 00
延納届出額 65 000
還付される税金の受取場所
銀行 金庫・組合 農協・漁協
本店・支店 出張所 本所・支所
郵便局名等
預金種類 普通 当座 納税準備 貯蓄
口座番号 記号番号
公金受取口座登録の同意
公金受取口座の利用
整理欄
区分 A B C D E F G H I J K
異動 年 月 日 L
補完
確認

https://www.digital.go.jp/policies/account_registration_tax/

## ２）行政機関等経由登録の特例制度を利用（2024 年 9 月までに開始）

　令和 5 年に成立した改正マイナンバー法により、公金受取口座を行政機関等を経由して登録する特例制度が新たに設けられました（この制度は2024 年 9 月までに開始される予定です）。これにより年金受給者などデジタルに不慣れな方でも、容易に公金受取口座の登録ができるようになります。

　具体的には、既に年金受取口座を市町村などの行政機関に登録している年金受給者に対して、書留郵便等により「口座情報等を内閣総理大臣（デジタル庁）に提供することに同意（又は不同意）の回答を求める旨」の事前通知が送られます。その通知に対して同意する旨の連絡を行った受給者に対して、年金受取口座情報を公金受取口座として登録するとともに、その旨を受給者等に通知するという仕組みです。

　なお、一定期間（30 日以上を想定）内に回答がないときは、同意したものとして同様の取扱いになるので注意してください。つまり、年金受給者に関しては、不同意の意思表示がない場合は自動的に年金受取口座が公金受取口座として登録されることになるということです。

　一般に年金受給者はデジタルに不慣れな高齢者が多いので、この制度によって公金受取口座の登録が進むと同時に、いざという時の各種給付金の交付事務が迅速になると考えられます。

　既に公金受取口座を登録済みの方については、当該登録情報が更新されることはありません。この場合は、当該受給者等に対して「登録済みの公金受取口座の情報は変更されない」旨の通知をすることとされています。
https://www.mhlw.go.jp/content/12508000/001061608.pdf

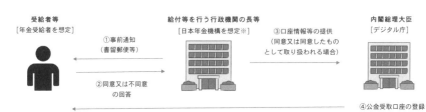

行政機関等経由登録のイメージ図

受給者等
[年金受給者を想定]

①事前通知
（書留郵便等）

②同意又は不同意
の回答

給付等を行う行政機関の長等
[日本年金機構を想定※]

③口座情報等の提供
（同意又は同意したもの
として取り扱われる場合）

内閣総理大臣
[デジタル庁]

④公金受取口座の登録

⑤登録結果の通知

※日本年金機構の業務として規定するため、日本年金機構法も一部改正予定。

第5章の
Keypoint

- 予め預貯金口座を国民一人当たり1口座登録する「公金受取口座登録制度」により、今後の各種給付金の給付事務を大幅に軽減することができる。
- 公金受取口座の登録はあくまでも任意。
- 公金受取口座の登録を行わなくても、確定申告時に還付口座の公金受取口座登録に同意すれば、自動的に還付口座が公金受取口座に登録される。
- 2024年9月までに、年金受取口座を公金受取口座に登録する制度が開始される。

# 第6章

## 金融機関における
## 公金受取口座登録のポイント

# 公金受取口座が「家計のメイン化」の主役に

　公金受取口座は、緊急時の給付金のほか、年金、児童手当、所得税の還付金等、幅広い分野の支給事務に利用されることが想定されています。実際、2023 年 6 月末時点で 5600 万人以上の方がすでに公金受取口座の登録を終えています（人口の 6 割超）。さらに第 5 章で解説した行政機関等経由登録の特例制度が、2024 年 9 月までに開始されることになっているので、その数は大幅に増加すると見込まれます。年金受給世帯の口座登録も加わることになれば、近い将来、「行政から交付される各種給付の窓口は、基本的に公金受取口座になる」と考えるのが妥当です。

　そうであれば、従来金融機関が行ってきた個人客マーケティングでは対応しきれないのは必然です。これまで金融機関が積極的に進めてきた給与振込口座や年金受給口座の獲得は、定期的に入金が行われるフローを獲得する絶好の機会だったのは確かです。それが他の取引、例えば公共料金やクレジットカード等の引落しなどの取引拡大、更には資産運用や住宅ローンビジネスなどのストックのビジネスの拡大に繋がると考えられたからです。つまり、「家計のメイン化」（家計から『メインバンク』として選ばれること）が、金融機関の個人客マーケティング戦略の中心だったわけです。

　実際、マイボイスコム株式会社が 2023 年に行った『銀行の使い分け』に関するインターネット調査でも、次のような特徴が指摘されています。
https://prtimes.jp/main/html/rd/p/000001310.000007815.html

①多くの方が複数の銀行口座を保有している（3 口座保有者が最も多い）
②複数口座所有者のうち、用途に応じて銀行口座を使い分けている人が 86.1% に上る
③銀行口座を使い分けている人のメインバンク口座の利用目的（複数回答）は「給与・年金などの振込」が 65.0% と最も多く、「各種料金の引き落とし」（クレジットカード、公共料金など）も半数に上る

この調査結果からも、利用者は複数保有する口座の中から特定の口座をメイン化し、その口座を中心に資金の出し入れを行っていることが分かります。

したがって、金融機関としては利用者の保有する複数口座の中から自行の口座を選択してもらい、メイン口座として利用してもらうことが至上命題になります。もちろん、それが取引拡大の大きな機会になるからです。不幸にして自行口座がメイン口座に選択されなければ、その顧客への営業機会を損失することになりかねないということです。

いずれにしても「家計のメイン化」のカギは、入金フローである給与振込口座や年金受給口座なので、公金受取口座の獲得を契機にこれらをいかに誘導するか、あるいは他の金融機関の口座から置き換えて頂くかが営業戦略上きわめて重要なポイントになると考えられます。

## 現役世代は給与振込口座、高齢者世代は年金受給口座

顧客の年齢階層を考慮すれば、現役世代は給与振込口座、高齢者世代は年金受給口座が入金フローの中心になると考えるのが妥当です。以下、それぞれの世代にとって公金受取口座はどのような意味合いを持つのか、詳しく検討してみましょう。

### 1）現役世代

現役世代の入金フローの中心は、もちろん給与振込口座です。そのため、仮に公金受取口座として自行口座を登録しても、給与振込口座が別口座であれば、直接的にはメイン化に寄与する可能性は少ないと考えられます。しかし、今後児童手当や税還付金等、各種給付金の公金受取口座への支給機会が増えるにつれて、公金受取口座への入金フローが増えてくることが期待できます。つまり、給与振込口座を含めたメイン口座化に向け、公金受取口座が寄与する可能性があるということです。

そもそも公金受取口座を頻繁に変更する人はあまりいないと思うので、

公金受取口座に指定されれば長期にわたって入金が期待できます。また、顧客に対して様々な働きかけをする際も、公金受取口座は有効と考えられます。

　特に顧客が定年退職などで年金受給者になった場合は、年金受給口座に公金受取口座を指定する可能性が高いと考えられます。したがって、早い段階から自行口座を公金受取口座に指定いただくことは、顧客へのマーケティングとして重要な意味を持ち得るのです。

## ２）高齢者世代

　顧客が年金受給者である場合は、公金受取口座の獲得がより重要なポイントになります。年金の受給口座を公金受取口座に指定する可能性が高いので、確実に指定してもらえるよう働きかける必要があります。この指定を獲得できれば、年金以外の給付金も公金受取口座に入金されることになるので盤石です。つまり、公金受取口座の獲得は「家計のメイン化」の重要な契機であり、特に年金受給者である高齢者世代に関しては、如何にして自行口座を公金受取口座にするかが重要なポイントになるということです。

　以上見てきた通り、公金受取口座に自行を指定してもらうことは、個人客におけるマーケティング上重要な意味を持ちます。顧客が公金受取口座の登録を行うタイミングを見定め、適時適切に対応することが、今後の営業戦略において極めて重要なポイントになるということです。

　例えば、生命保険協会が 2023 年 4 月に公表した『「デジタル社会における生命保険業界の将来」報告書・提言書 ～マイナンバー制度を通じたデータ利活用による生命保険の利便性向上に向けて～』の中で、現行制度で可能なユースケースとして「公金受取口座情報の活用による口座登録手続きの簡略化」を挙げています。具体的には、保険料引去り口座や給付金等の受取口座の登録について、マイナポータルを経由した公金受取口座情報を活用する事例を紹介しています。今のところ、こうしたなサービスを提供

する生命保険会社はありませんが、今後このような形で公金受取口座を活用する事例も出てくると考えられます。

〈活用例〉保険料引去り口座登録手続きを行う場合

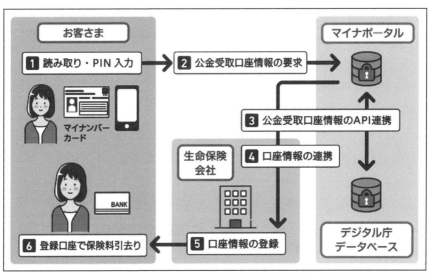

資料:(一社)生命保険協会

# Q6-1
# 公金受取口座登録にはどのような方法があるのでしょうか?

公金受取口座の登録には以下の方法があります。いずれの方法で登録しても、必ずマイナポータル上に公金受取口座の口座情報が登録されます。

**1）マイナポータルでの登録**

予め、マイナンバーカードと数字 4 桁の暗証番号を準備し、マイナンバーカード読取対応のスマートフォンまたは IC カードリーダライタ付きのパソコンで、マイナポータルにログインします。次にマイナポータルのメニューにある「公金受取口座の登録・変更」を選択し、クリックすると画面に氏名、住所、生年月日などの本人情報が表示されます。そこに氏名（カタカナ）、電話番号、メールアドレスなどの個人情報と、金融機関名、支店名、口座種別、口座番号等の口座情報を入力すれば登録は完了です。

なお、マイナポータルに登録されている公金受取口座はいつでも変更可能です。

**2）所得税の確定申告（還付申告）の際の登録**

e-TAX または書面で確定申告の手続きを行う際、「公金受取口座登録の同意」欄があるので、そこで同意の意思表示をすれば還付金振込口座が公金受取口座として登録されます。それぞれの同意欄については、**第 5 章の Q5-3「公金受取口座は必ず登録しなければいけないの？　それとも登録手続きをしなければ登録されないの？」**で具体的にお示ししているので、そちらを参照してください。

なお、公金受取口座を登録済みの方は、公金受取口座を還付金の受取口座として指定（公金受取口座を利用）することもできます。

## 3）金融機関の窓口等での登録（2023年度下期以降開始予定）

　2023年下期以降には、金融機関の窓口等での登録も始まる予定です。具体的な手続きの流れですが、まず金融機関の窓口で口座登録の申し込みを受け付け、その情報を預金保険機構経由でマイナポータルに公金受取口座の口座情報を登録することになります。

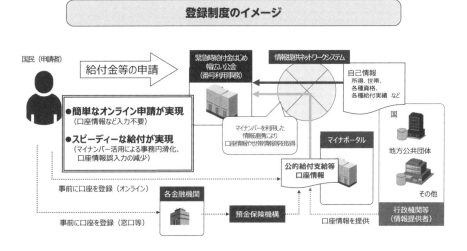

**登録制度のイメージ**

https://www.cao.go.jp/houan/pdf/204/204gaiyou_3.pdf

## 4）行政機関等経由登録の特例制度による登録（2024年9月までに開始予定）

　年金受給者であれば、2024年9月までに開始される行政機関等経由登録の特例制度により、登録手続きを行わなくても公金受取口座の登録が自動的に行えるようになります。なお、登録を希望しない場合は制度開始後に送られてくる通知「口座情報等を内閣総理大臣（デジタル庁）に提供することに同意（又は不同意）の回答を求める旨」に、「不同意」と回答すれば登録は行われません。

　制度等の詳細ついては、**第5章のQ5-3「公金受取口座は必ず登録しなけ**

ればいけないの？　それとも登録手続きをしなければ登録されないの？」
で具体的にお示ししているので、そちらを参照してください。

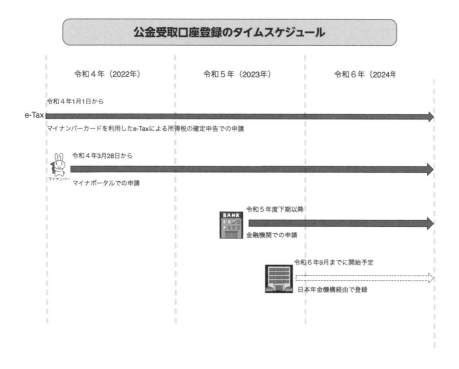

公金受取口座登録のタイムスケジュール

令和4年（2022年）　　　令和5年（2023年）　　　令和6年（2024年

e-Tax　令和4年1月1日から
マイナンバーカードを利用したe-Taxによる所得税の確定申告での申請

令和4年3月28日から
マイナポータルでの申請

令和5年度下期以降
金融機関での申請

令和6年9月までに開始予定
日本年金機構経由で登録

# Q6-2
# 金融機関は公金受取口座登録をどう取り扱うべきでしょうか？

　これまで見てきた通り、今後行政機関が支給する各種給付金の入金口座となる公金受取口座の登録は、様々な方法でできるようになります。つまり、国は積極的に公金受取口座の登録を進めようとしているわけで、これは継続的な入金フローが期待できる金融機関にとっても、千載一遇のチャンスと言えそうです。公金受取口座を自行口座にしていただくことは、「家計のメイン化」（家計から『メインバンク』として選ばれること）を実現するためにも非常に重要なのです。特に公金受取口座を年金受給口座にする可能性が高いことにかんがみれば、自行口座を公金受取口座に指定していただくことが最重要課題と言っても過言ではないのです。

　具体的な取組みとしては、以下のようなものが想定されます。

①自行口座を公金受取口座にしていただく

②公金受取口座を他行口座に変更されないよう常に働きかける

③可能な限り他行に指定された公金受取口座を、自行口座に変更してもらうよう働きかける

④公金受取口座に指定された自行口座に、他の取引（給与振り込み、クレジットカード、公共料金引き落とし、等）も集約するよう働きかけ、自行の「家計のメイン化」を実現する

# Q6-3
# 公金受取口座と公的年金の関係について教えてください

　近年、金融機関において、年金受給口座の指定獲得のための取組みが強化されてきています。

　それには、次のような理由があると考えられます。

- 年金受給者が増加していること
- 金融機関にとって年金給付は安定的な資金供給源になること
- 預り資産業務の強化に繋がること

　つまり、金融機関にとって公金受取口座と公的年金には密接な関係があり、公金受取口座を自行口座にしてもらうことが、年金受取口座の獲得につながるわけです。そして、それを実現するには、特に以下の2点に留意する必要があります。

①公金受取口座の利用対象となる給付金に公的年金が入っている

※既に公的年金関連の各種申請書等に公金受取口座指定希望の有無欄があります。例えば、「年金請求書（国民年金・厚生年金保険老齢給付）」には、年金受取口座を公金受取口座に指定できるようになっています（次ページ参照）。

②行政機関等経由登録の特例制度（2024年9月までに開始される予定）により、年金受給者のうちまだ公金受取口座を登録していない人は、不同意の意思表示がない限り、既にある年金支給口座が自動的に公金受取口座として登録される

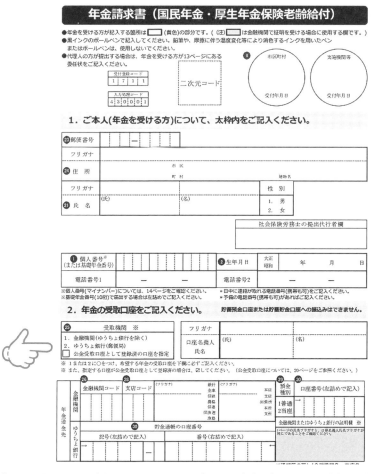

https://www.nenkin.go.jp/service/jukyu/todokesho/rourei/2018030501.files/101.pdf

　このように公金受取口座と公的年金には密接な関係があり、この2つの結びつきの強化が「家計のメイン化」に向けた最大のポイントと言っても過言ではないのです。すでにどの金融機関も年金受給口座の指定獲得に向け様々な取組みが行われていると思いますが、今後は上記の点についてきちんと理解したうえで取り組むことが重要です。

# Q6-4
# 公金受取口座の
# 変更は可能ですか?

　登録した公金受取口座は、いつでも変更・削除が可能です。例えば、マイナポータルで公金受取口座に関するメニューを選択し、「口座情報の登録・変更」の画面から変更することができます。具体的な手続きは、以下の通りです。

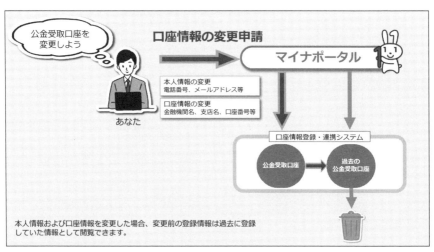

https://img.myna.go.jp/manual/03-14/0195.html

　最初に現在の公金受取口座の登録状況が表示されるので、変更したい場合は、本人情報（電話番号、メールアドレス等）と口座情報（金融機関名、支店名、口座番号等）の中から選択して修正します。修正後に再度登録することで、新たな情報に変更されます。

　削除する場合も変更と同じ手続きをすることで削除できます。具体的には、マイナポータルで公金受取口座に関するメニューから「口座情報の登録・変更」の項目を選択し、現在の公金受取口座の登録状況を確認します。その上で「口座情報を削除する」のボタンを押せば口座情報は削除されます。

　但し、公金受取口座の登録情報を削除すると、場合によっては給付金等を受け取る際、従来通り（申請書への口座情報の記載や通帳の写し等の添付、行政機関における口座情報の確認作業等）の手続きが必要になることがあるので注意が必要です。

　また、現在公金受取口座で受け取っている給付金等についても、公金受取口座の登録情報を削除したことにより、給付元から口座情報の提出を求められることがあるので注意してください。

　変更手続きについては、前述した通り2023年度下期以降、マイナポータル経由以外に金融機関の窓口でも登録手続きができるようになります。そうなれば、もちろん金融機関窓口でも同様の変更手続きが可能になると思われます。

　なお、登録した公金受取口座の情報については、マイナポータルからいつでも確認することができます。

# Q6-5
# 既に他行で登録している顧客に対して、どのようなアプローチが考えられますか?

　これまで述べてきたように、自行口座を公金受取口座として指定いただくことは、今後の個人客マーケティングにとって非常に重要な意味を持ちます。もし自行に口座があるにも関わらず、他行に公金受取口座が登録されているようなら、できるだけ速やかに自行口座を公金受取口座にしていただくよう働きかけるべきです。将来、年金支給口座にも指定されるようなことになれば、長期にわたって損失を被ることになりかねないだけに、積極的な営業を心がけましょう。

　では、現在自行に口座があるのに他行で公金受取口座を登録されているお客様に対して、具体的にどのようにアプローチすれば自行に変更してもらえるのでしょうか。

　まず、押さえておかなければいけないのが、現在でもマイナポータル経由等で変更・削除が可能だということです。前述した通り、2023年度下期以降は金融機関の窓口でも登録手続きができるようになりますが、それを待っていては手遅れになりかねません。一日も早く、公金受取口座を自行口座に変更していただくよう働きかけることが重要です。具体的には、以下のような取組みが考えられます。

　①常日頃から、個人顧客に対して公金受取口座の登録状況を確認する

　②仮に他行口座を公金受取口座に登録している場合は、自行口座に変更していただくよう働きかける

　③変更手続きについて詳しく説明する（煩雑ではないことをアピールする）

④希望する顧客に対して変更手続き等のサポートをする

　いずれにしても、他の金融機関にとっても個人客のマーケティング上、公金受取口座の重要性は明らかです。つまり、すでに自行口座を公金受取口座にしていただいている顧客に対して、他行口座への変更を阻止することも喫緊の課題と言えます。

**第6章の Keypoint**

・公金受取口座が「家計のメイン化」の主役になる。

・自行の口座を公金受取口座として登録して頂けるよう、顧客に積極的に働きかけるべき。

・他行口座を公金受取口座に登録している顧客に対して、自行口座に登録変更して頂けるよう働きかけるべき。

# 第7章
## マイナンバー、マイナンバーカード、公金受取口座登録制度に関するよくある質問

　この章では、金融機関職員の方々が、顧客から聞かれる可能性がある代表的な質問を取り上げて詳しく解説します。

 ## マイナンバーを知られると個人情報が筒抜けになってしまうのではないか不安です

　マイナンバーは様々な行政分野で利用されているため、「他人に知られることで個人情報がすべて筒抜けになってしまうのではないか」と心配される方がいるかもしれません。

　確かにマイナンバーは、住民票を有する全ての人が1つずつ持つ12桁の番号なので、マイナンバーを知られることで個人を特定することは理論上可能です。ただし、利用できるのは社会保障制度、税制、災害対策など、法令又は条例で定められた行政手続きだけです。そもそも、マイナンバーを利用できる職種、業務等については、法令や条例できちんと規定されているので、不正にマイナンバーを取得することは困難です。仮に取得できたとしても、不正に利用すれば懲役刑などの厳しい刑罰が科されます。

　また、管理方法についても、情報を1箇所に集めて管理するのではなく、分散して管理する方法を採用しています（17ページ参照）。具体的には、国の行政機関や地方公共団体などが保有するマイナンバーに関する情報を、それぞれが個別に分散して管理します。こうすることで、たとえ国の行政機関や地方公共団体であっても、全ての情報をまとめて参照したり、管理することができない仕組みにしているわけです。

　仮に他の機関にある情報が必要な場合は、番号法（行政手続における特定の個人を識別するための番号の利用等に関する法律）で規定された事務に限り、「情報提供ネットワークシステム」を使用して情報の照会・提供を行うことができます。このように個人情報を一元管理しないことで、情報が筒抜けになるリスクを大幅に軽減しているのです。

もちろん特定の共通データベースを作るといったことは一切しませんので、そういったところから情報がまとめて漏れる心配は無用です。

　アクセスできる情報も、行政職員だからといって誰もが個人情報にアクセスできるわけではありません。あくまでも見ることができるのは、自分の担当する業務に関する個人情報だけで、当該業務に関係のない情報はたとえ行政職員であっても見ることができない仕組みになっています。例えば、「預金付番を行うと、行政の職員などにマイナンバーを使って預貯金や資産を見られてしまう」と心配するお客様がいるかもしれませんが、行政機関等が個人の口座の残高を確認できるのは、法令に基づく必要な調査（社会保障の資力調査や税務調査など）に限られています。そもそもそのような調査はマイナンバーの有無に関わらず行われるので、マイナンバーが導入されたからといって何ら対応が変わるわけではありません。

　なお、業務上の必要から行政機関等の間で情報提供ネットワークシステムを通じて情報のやり取りがあった場合は、マイナポータルのサイトにアクセスすることで、実際に行われたやり取りの内容を全て確認することができます。マイナポータルについては、91ページ以降で詳しく説明しているので、そちらを参照してください。

 ## マイナンバーとマイナンバーカードの違いがよく分かりません

　マイナンバーは、住民票を有する全ての人が1つずつ持つ12桁の番号で、利用できるのは社会保障制度、税制、災害対策など、法令又は条例で定められた行政手続のみです。利用できる担当者も限定されており、国の行政機関、地方公共団体、独立行政法人などの職員のうち、法律や条例で定められた「個人番号利用事務実施者」に限られます。

　こう言うと「民間企業の人事や金融機関でも扱っている」という反論が

聞こえてきそうですが、これらはあくまでマイナンバーを記載した源泉徴収票や支払調書などを提出する事務を行っているにすぎません。つまり、国等に提出する書類に記載するためにマイナンバーを扱っているだけで、この担当者を「個人番号関係事務実施者」と言い、利用には大きな制限があります。

　一方、マイナンバーカードには「マイナンバー」の名称がついているし、券面にマイナンバーが記載されているため、ともすると金庫の奥深くにしまって置くものと思われがちですが、本来の機能は「電子証明書を搭載した公的身分証明書」です。本人確認のための身分証明書として利用できるほか、マイナポータル、自治体サービス、e-Tax等の電子証明書を利用した電子申請等、様々なサービスに利用できる便利なカードなのです。

　マイナンバーカードは、希望すれば誰でも取得できます。しかも当面無料で交付されることになっているので、費用負担はありません。

　このようにマイナンバーとマイナンバーカードの2つは、性質も取扱いもまったく異なります。利用範囲が厳しく制限されている番号そのものであるマイナンバーに対して、マイナンバーカードは身分証明書としての利用だけではなく、ICチップの中の「空き領域」を活用して社員証や会員証として利用することができます。さらには電子証明書の持つ安全確実な本人確認機能を利用して、民間や行政のオンライン手続きやインターネットアカウントへログインするなど、幅広いサービスに利用可能なプラスチックカードだということです。

　そうした利活用ができることから、政府は「マイナンバーカードは、確実・安全な本人確認・本人認証ができる『デジタル社会のパスポート』」とも呼び、民間・行政問わず幅広い分野で使われることを期待しています。例えば、今はまだAndroidのスマートフォンに限定されていますが、いずれiPhoneにもマイナンバーカードの機能（具体的には電子証明書）が搭載されれば、一気に利用範囲が広がると思われます。

**マイナンバーカードの中にはどんな情報が入っているのですか？**

　マイナンバーカードの中には、以下の通り券面に記載されている氏名等の情報と、公的個人認証に使う電子証明書の情報が入っています。

**1）券面記載事項の情報**
- 氏名
- 住所
- 生年月日
- 性別
- マイナンバー
- 本人の顔写真　等

**2）公的個人認証の電子証明書**

　公的個人認証とは、インターネットを通じて申請や届出といった手続等を行う際の本人確認の手段です。本人のみに発行される「電子証明書」と呼ばれるデータを照合することで、他人による「なりすまし」ではないこと、通信途中で内容が変えられていないこと等を確認する仕組みです。高度な技術を活用することによって、安全安心に本人確認ができるようになっているわけです。

　具体的には、以下の２つの電子証明書に関するデータが記録されています。

**①利用者証明用電子証明書**

　オンライン・サービスを利用する際に「ログインした人が、利用者本人であること」を証明することができます。例えば、マイナポータルやコンビニなどで証明書を取得する際、あるいは顔認証以外で健康保険証を利用したり、民間のオンライン・サービスにログインする場合

に利用します。

### ②署名用電子証明書

e-TAX 等の電子申告やインターネットで文書を作成・送信する際に利用するもので、「作成・送信した電子文書が、利用者が作成した真正なものであり、利用者が送信したものであること」を証明するために利用します。オンラインでの確定申告のほか、市外に引っ越す時の転出届をオンラインで提出する場合などにも利用できます。

そのほか行政機関や民間企業は、マイナンバーカードの IC チップの空き領域を利用して、独自のサービスを提供することも可能です（但し、民間企業が利用する場合は、主務大臣の確認（法基準適合性審査）を受ける必要があります）。

実際の利用例を列挙すると、以下のようなものがあげられます。

【地方公共団体】印鑑登録証、コンビニ交付、図書館カード　等

【国の行政機関】国家公務員の身分証明機能（入退館管理）

【民間企業】入館証、電子チケット　等

なお、2024 年度末の実現を目指してすすめられているマイナンバーカードと運転免許証の一体化も、この IC チップの空き領域に運転免許証情報を搭載することで一体化させる予定です。

 **マイナンバーカードを失くしてしまったのですが、どうすればいいでしょうか？**

マイナンバーカードを失くした、あるいはマイナンバーカード機能を搭載したスマートフォンを紛失した場合は、マイナンバーカード機能の一時停止手続きを行う必要があります。具体的には、まずマイナンバー総合フ

リーダイヤル（0120-95-0178）へ連絡します。これは、マイナンバーカードや電子証明書を搭載したスマートフォンの紛失・盗難などによる一時利用停止を受け付けるフリーダイヤルで、24時間365日対応しています。もちろん外国語対応のフリーダイヤルもあります（0120-0178-27）。

次に、警察に遺失届・盗難届を提出し、受理番号を控えます。それをもって、お住まいの市区町村へ届け出ていただき、マイナンバーカードの再発行の手続きを行うことになります。なお、具体的な手続きは市区町村によって異なるので、事前にお住まいの市区町村に問い合わせてください。

よくあるのが上記の手続き後にカードが見つかるといったケースです。その場合は、お住まいの市区町村に見つかったマイナンバーカードを持参し、一時停止の解除をすれば引き続きカードを利用できます。

スマートフォンが見つかった場合も、以下の方法で一時停止を解除することができます。［マイナポータルアプリを起動し、マイページにおいてスマホ用電子証明書の一時利用停止の解除を選択。改めてマイナンバーカードを読み込み、署名用電子証明書のパスワードを入力。］

 **マイナンバーカードが不正利用されないか心配です**

たとえマイナンバーカードを失くしても、他人に悪用されない仕組みになっています。例えば、第三者がなりすまそうとしても、写真付のため容易になりすますことはできません。

そもそもマイナンバーカードは文字をレーザーで彫りこんだり、複雑な彩紋パターンを施したりするなど、特殊な加工をしているので、顔写真を含めた券面の偽造は極めて困難です。

また、マイナンバーカードに搭載されているICチップには、税や年金などのプライバシー性の高い情報は記録されていません。健康保険証として利用する場合も、特定健診結果や薬剤情報等、個人のプライバシーに関

わる情報を IC チップに記録しないので安心安全です。

　なお、IC チップの読み取りに必要な数字 4 桁のパスワードは、一定回数間違えるとロックされてしまいます。その場合は、本人が手続きしないとロックを解除できないので注意してください。ほかにも第三者が不正に情報を読み出そうとすると、自動的に IC チップが壊れるなど、高いセキュリティが担保されています。

　このように万全のセキュリティ対策が施されているので、不正利用される可能性は極めて低いと考えられます。日常的に携帯している銀行のキャッシュカードやクレジットカードなどと同じ程度の注意をすれば十分でしょう。

 ## 公金受取口座の登録は義務でしょうか？

　公金受取口座の登録は義務ではありませんが、登録を行えば緊急時における給付金等の申請の際、申請書への口座情報の記載や通帳の写し等の添付、行政機関における口座情報の確認作業等が不要になります。また、年金、児童手当、所得税の還付金等、幅広い給付金等の支給事務に利用できるので、それらの手続きを簡単に行うことができます。手続きは基本的にマイナポータルから行いますが、もちろん一度登録した公金受取口座の変更・削除は可能です。

　なお、公金受取口座の登録情報を削除すると、場合によっては給付金等を受け取る際、従来（申請書への口座情報の記載や通帳の写し等の添付、行政機関における口座情報の確認作業等）の手続が必要になることがあるので注意が必要です。また、現在公金受取口座で受け取っている給付金等についても、公金受取口座の登録情報を削除したことにより、給付元から口座情報の提出を求められることがあるので注意してください。

## マイナポータルって何ですか？

　マイナポータルとは、政府が運営するオンライン・サービスです。子育てや介護をはじめとする行政サービスの申請をオンラインでできたり、行政からのお知らせをオンラインで受け取ることができる自分専用のサイトです。基本的にマイナンバーカードを使ってログインすれば利用できます。

　マイナポータルの主な機能は、以下の3つです。

### 1) いつでもどこでも行政の手続きができる

　例えば、児童手当の現況届など、お住まいの地域のサービスや手続方法を自分のパソコンやスマートフォンで簡単に検索することができます。さらに手続によっては、そのまま申請することも可能です。ほかにもマイナンバーカードを健康保険証として利用する際の申し込みや、公金受取口座の登録もできます。

### 2) 自分の情報やお知らせを必要な時に確認することができる

　例えば、自分の所得税や地方税の納税額、行政からのお知らせなど、必要な情報をいつでも確認できます。また、健康保険証を登録していれば、自分の診療情報や薬剤情報、健康保険証関連の情報なども確認することができます。

### 3) 外部ウェブサイトとつなげて便利に使える

　e-Tax やねんきんネット、ハローワークインターネットサービス等の外部ウェブサイトにつなぐ際、マイナポータルからなら個別のIDやパスワードを入力することなくログインすることができます。もちろんつなぎ先にある自分に関するお知らせを確認することも可能です。

　もちろんマイナポータルからサイトにログインするには、その都度マイナンバーカードを使って認証を行う必要があります。つまり、「常にセキュリティが高いマイナポータルを介しているので、安心してサイトを利用することができる」というわけです。

　マイナポータルから手続きができるサービスは多種多様です。税金や年金はもちろん、自治体によっては医療や子育て関連など様々な手続きが可能です。まずはマイナポータルの「ぴったりサービス」を利用して、お住いの自治体の情報をチェックしてみてください。お住いの市区町村名か郵便番号を入力するだけで、マイナポータルから行える手続きが検索できるし、手続きによってはそのまま役所に出向くことなく、オンラインで申請ができるので便利です。

 ## マイナポータルを利用するにはどんな手続きが必要ですか？

　マイナポータルを利用するには、マイナンバーカードとパソコンまたはスマートフォンが必要です。パソコンの場合は、マイナンバーカードが読める IC カードリーダーも用意する必要があります。もちろん、まだマイナンバーカードをお持ちでない方は、まずはマイナンバーカードを申請し、入手する必要があります。

　パソコンとスマートフォンでは、手続きの方法が異なるので、それぞれ具体的に説明します。

　**パソコンの場合**は、インターネットからマイナポータルサイトにログインし、次いで IC カードリーダーにマイナンバーカードを差し込み、利用者証明用電子証明書の暗証番号（4桁）を入力して本人認証を行えば完了です（次ページの画面参照）。

## パソコンのトップページ

**スマートフォンの場合**は、マイナポータルアプリをスマートフォンのアプリストア（iPhone なら AppStore、Android スマートフォンなら Play ストア）からダウンロードし、アプリからログインして本人認証をすれば完了です。具体的には、まず利用者証明用電子証明書の暗証番号（4桁）を

入力し、次にマイナンバーカードをスマートフォンの裏面に密着させるという手続きが必要です。

**スマートフォンのトップページ**

マイナポータルで医療情報を確認できるのですか?

マイナポータルでは、以下の医療情報を確認することができます。

**1）健康保険の医療費通知情報**

毎月の医療保険の医療費を閲覧することが可能です。例えば、e-Tax で

確定申告する際、マイナポータルから取得した医療費通知情報を利用できるので便利です。

**2）診療・薬剤情報**

　約1ヵ月半前から最大3年前までの間に受診した診療内容や薬の情報が確認できます。

**3）処方情報**

　受け取った直後から最大100日前までの、医療機関で処方された薬の情報が確認できます。

**4）調剤情報**

　受け取った直後から最大100日前までの、薬局で実際に受け取った薬の情報が確認できます。

**5）特定検診情報**

　令和2年度実施分以降の特定健診の情報、後期高齢者健診の情報が確認できます。

　なお、医療機関や薬局においてマイナンバーカードによる資格確認を行ったうえで受診した場合は、患者の同意があれば以下の情報も閲覧することができます。

- 薬剤情報
- 特定検診等情報
- 診療情報（受診歴や手術情報を含む診療実績など）

　こうした情報の活用が、医療機関等における問診・診察時のコミュニケーションの円滑化や重複検査の抑止を促すと同時に、患者にとっても負担の軽減や健康状態を踏まえた医療等の実現など、より良い医療環境の実現につながるのです。

#  マイナポータルを使うと確定申告手続きが便利になるのですか？

　マイナポータルには、「マイナポータル連携」という機能があります。これは年末調整や所得税の確定申告の手続きをする際、マイナポータル経由で控除証明書等の必要書類のデータを一括取得すれば、各種申告書の該当項目への入力をしなくて済むという機能です。例えば、確定申告をする際、事前に一括取得をしておけば、国税庁のホームページ「確定申告書等作成コーナー」にアクセスした時点で基本的な事項が入力されているので便利です。

　具体的には、以下のメリットがあります。

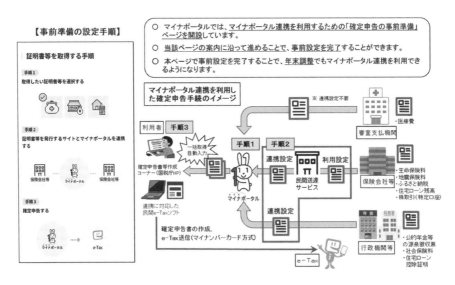

https://www.nta.go.jp/taxes/tetsuzuki/mynumberinfo/mnp_junbi/kakutei.htm

- 確定申告に必要な各種控除証明書のデータを取得でき、確定申告書等に自動入力してくれる
- 事前設定は初回1回のみで、取得する控除証明書等が増えない限り、翌年以降は事前設定が不要
- 電子データで取得するため、e-Taxで送信すれば書類の保管、管理は不要

なお、「マイナポータル連携」を利用するには、マイナポータルにある「確定申告の事前準備」ページで事前準備を行う必要があります。

マイナポータル連携は、まだ始まったばかりで、今後様々な連携が予定されています。2023年時点で対象となる控除・収入等及び自動入力可能な控除証明書等は以下の通りです。

①医療費控除（医療費通知情報）
②ふるさと納税寄付金控除（寄附金受領証明書）
③生命保険控除（生命保険料控除証明書）
④地震保険控除（地震保険料控除証明書）
⑤住宅ローン控除（年末残高等証明書、住宅借入金等特別控除証明書）
⑥株式等に係る譲渡所得等（特定口座年間取引報告書）
⑦社会保険料控除（社会保険料（国民年金保険料）控除証明書）
⑧公的年金等雑所得（公的年金等の源泉徴収票）

第7章の
Keypoint

・マイナンバーカードの利用機会が増えるにつれ、顧客から様々な問い合わせが来ることが考えられる。
・本章を参考にして、様々な問い合わせに対応できるスキルを身につけることが求められる。

●著者略歴

# 梅屋 真一郎 （うめや・しんいちろう）

**野村総合研究所フェロー　未来創発センター制度戦略研究室長**

東京大学工学部卒業。同大学院工学系研究科履修。野村総合研究所では、長年にわたって金融制度分析、投資信託や確定拠出年金などのソリューション提案、プロジェクト推進に関わり、2013年より現職。マイナンバーについては、政府のIT総合戦略本部新戦略推進専門調査会マイナンバー等分科会の構成員として、マイナンバーの制度設計当時から関与し、今もマイナンバーカードの利活用やマイナポータルの将来的運用ビジョンなど、様々な情報を発信し続けている。主な著書に「これだけは知っておきたい マイナンバーの実務 」(日経文庫)、「預貯金へのマイナンバー付番Q&A」（ビジネス教育出版社）、「雇用ビッグデータが地方を変える-47都道府県の傾向と対策」（中央公論新社）、「コロナ制圧 その先の盛衰 」(日経プレミアシリーズ)等がある。

装丁・DTP／有留 寛

## Q&Aでスラスラわかる！
# マイナンバー活用法と公金受取口座登録制度

2023年9月15日　初版第1刷発行

著 者　梅屋　真一郎

発行者　延對寺　哲

発行所　株式会社ビジネス教育出版社

〒102-0074　東京都千代田区九段南4-7-13
TEL 03(3221)5361(代表)／FAX 03(3222)7878
E-mail▶info@bks.co.jp URL▶https://www.bks.co.jp

落丁・乱丁はお取替えします。　　印刷・製本／シナノ印刷株式会社

ISBN 978-4-8283-1032-9　C3033